营销操盘手

范伟型 著

S 标准化 Standardization

P 流程化 Procedure

D 数据化 Digitalization

C 融媒体 Convergence Media

哈尔滨工业大学出版社

写在开篇
——中财铁军的诞生

踏上征程

2006年的夏天,一个来自农村的小伙子来到了深圳这个充满梦想的城市,选择走上销售这条不寻常的路。内向、不善言辞、不敢打电话、恐惧陌生拜访,起初,一切跟销售有关的优点都跟他无关。因为销售,所以走进了代理记账行业,进入了当时中国代账行业的首家企业。没有底薪,不包吃住的职业生涯就这么拉开了序幕。

最初几人加入后,城市狭小的民居里,几个人一间房,几张床没有规则地拼凑着,局促的环境加上简陋的家具,就这样在陌生的城市安营扎寨,开始了职业生涯拓荒的征程。接下来的日子里,这里成了小伙伴们最温暖的归巢,每天默默地迎送着那些早出晚归的身影。

曾经一起吃过的饭,是普普通通的几个青菜,分量很足,但油水很少,一块老干妈里的肉也能让我们欢呼;泡面和榨菜,是这里最受欢迎的生活必需品。更多的时候,因为工作的快节奏,往往没有固定的饭点,一块大饼就是他们一天的口粮。

跟生活的艰苦相比,工作上的拓展才是真正的挑战和考验。面对陌生的环境,陌生的人,陌生的电话,也会胆怯和紧张,但对于成功的信念却始终没有丝毫动摇。

奋斗中的铁军

已经记不清这些年来到底被拒绝了多少次。电话营销中直接挂断的,直接拒绝的,甚至直接骂人的;陌生拜访中还没等你自我介绍完毕,就已经不耐烦地下达逐客令的,背后往往还会飘来两句"冷嘲热讽"。更有甚者,跟大厦的保安"捉迷藏",被追赶得满大厦跑……这些过往的尴尬,有多少人能真的觉得无所谓?问到身边的"战友"时,他们却往往只是淡淡地一笑,回答"习惯了",但简简单单的三个字又包含着多少辛酸和辛苦?

每天早上7点出门,凌晨回家,一整天的时间,要保证电话营销的时间,要保证见客户的数量,基本上是要把1分钟变成3分钟来用,同时还要在尘土飞扬的工业区来回奔走,遇到暴雨和台风,这困难便成倍增加。有时候就为了3分钟的见面时间,需要步行整整5公里,然后在接待室苦苦等上几小时。有时候就为了省下2块钱的公交车钱,需要整整多走30分钟,划算吗?不划算,可没钱啊!

回到公司,早已是华灯初上。来不及放松疲惫的身体,就要开始参加培训,然后团队聚在一起,总结经验,分析原因,提出方案,为第二天的工作做好准备。

就这样日复一日,年复一年,他们的脚步踏遍每一家企业的门槛,签下一个又一个客户,为无数客户的财税保驾护航。从一个销售小白逐渐成长为一名销售总监,成为一个创业者,现服务几万家客户,服务区域遍布全国26个城市,并且还在持续增长中。

勇立潮头 奋楫者先
——范伟型新书序

2016年初春，和伟型初识在广州，那时的伟型和小伙伴们才刚创建广州市财务代理行业协会不久。晚上和伟型及小伙伴们聚会，大家相谈甚欢之际第一次提出了"天下代账一家人"的愿景。

7月，在南京的首届中国代理记账行业发展研讨会上，30家协会（含筹备组）筹建会计服务联盟，伟型是全国九名创始发起人之一。

不久，伟型邀请全国的同仁们到他的公司——金不换财务（中财捷）交流，大家亲身感受了营销型组织的工作场景，领略了岭南文化中的梦想、激情和奋斗。一向老成持重的璞哥（重庆协会会长冯璞）竟一下被这样的氛围点燃，激动地说，"这就是我一直要的，终于找到了！"

2017年和伟型邂逅在上海。晚上十点多，伟型带着公司几十位美女帅哥来了！他们刚刚结束了沟通表达能力提升课程的学习。一会儿，微醺的伟型站在中央的凳子上，和小伙伴们大声讲述着行业的未来、金不换的未来和金不换人的未来，激起了一阵阵的欢呼和尖叫！我被深深震撼：行业的发展正需要这样的激情，正需要这样能点燃激情的人！

半年以后，伟型举办了"公众演讲"大赛，并邀请全国的同仁到场观摩。通过演讲比赛，锻炼了队伍，检验了学习成果，提振了士气，奠定了金不换在行业中营销型组织的龙头地位。

微营销兴起，伟型勇立潮头，带领团队研发了一套行业微营销的打法，并和电销相结合，创新性地打造出代理记账行业"微电销"模式。

"独乐乐不如众乐乐"，伟型将"微电销"模式整理出来，向全国同行悉心传授，升级为行业营销导师。

疫情期间，伟型沉淀了自己和团队十余年对营销的学习、实战、思考、培训和创新，写下了《营销操盘手》这本书。《营销操盘手》突破了代理记账行业的局限，对众多企业服务行业机构、营销型组织和销售行业从业者都有很高的参考价值。

相信伟型一定能与时俱进，不断探索，引领营销领域的发展。

江苏省代理记账协会　会长
九洲财务　董事长
李炎炜　博士
2021年3月

营销操盘手

目录

第一章　心强于行，行始于信　　　　　01

销售人的基本准则

第 01 节　五大成功销售员的成功秘籍　／004

- 思考、信仰、交流　／004
- 发现、提问、观察　／008
- 勇气、担当、赢取、佐证　／011
- 日积月累——任何人都无法一天变成销售大师　／012

第 02 节　销售是企业的"生命线"　／014

- 把握企业"销售"生命线的前提——清晰的愿景体系　／014
- 筑牢企业"销售"战线的根基——建立优秀的文化体系　／016
- 销售决定企业生命周期　／019

第 03 节　销售的价值在于为客户创造价值　／022

- 实现销售价值，要以人才为先　／022
- 搭建企业与客户间的沟通桥梁　／024
- 积极为客户创造价值，精准定位客户需求　／026
- 创新驱动企业发展，打造不平凡的自我　／028

第 04 节　销售人员潜质的挖掘与培养　／030

- 你是否天生掌握销售技能　／030
- 你的销售模式属于哪一种　／031
- 培养销售人员必备的六大素质　／032

SALES
OPERATOR

| 第二章 | 可视化电销 | 02 |
| 销售首战技能 | | |

第 01 节 电销必备 "868" 原则   /040

▶ 电销的 8 条顶尖信念   /040
▶ 电销前的 6 项准备   /046
▶ 电销的 8 种经典开场白   /048

第 02 节 电销人员必备技能   /054

▶ 保持良好心态，电销前做好充分准备   /054
▶ 精准分类意向客户，做好针对性跟踪   /056
▶ 保证每日电销次数，做好客户常见问题解决方案   /058

第 03 节 新时代电销必备元素   /062

▶ 三招提升电销效率   /062
▶ 电销打动客户的四大秘籍   /063
▶ 新时代电销做到这九点，不愁没客户   /065
▶ 新时代电销的七问七思七激励七醒   /068

第三章 用微营销创造客户需求 03
销售必备工具新玩法

第 01 节 微营销成为标配 /076
- ▶ 微信,一个能改变营销方式的工具 /077
- ▶ 微营销颠覆传统营销思维 /078
- ▶ 微信账号的营销价值 /083

第 02 节 个人微信号营销策略 /086
- ▶ 打造个人微信 IP 的五个结构 /086
- ▶ 个人微信号的管理 /090
- ▶ 私域流量如何运营 /093

第 03 节 微营销媒体打造 /097
- ▶ 公众号对个人微信号的促进作用 /097
- ▶ 视频号对个人微信号的促进作用 /099

第 04 节 微营销中普通销售人员所不知的技巧 /101
- ▶ 微信号涨粉全攻略 /101
- ▶ 走出微营销的五大误区 /106

第四章 场景化营销造场　04
销售高阶演讲成交技能

第 01 节 演讲是所有事情的放大器 /114
- 新时代催生场景化营销模式 /114
- 重视演讲技能提升，布局场景化营销 /116

第 02 节 中财捷打造企业演讲文化 /120
- 中财捷演讲文化的由来 /120
- 灵活运用演讲技巧，玩转多种营销场景 /124

第 03 节 销售人员从零开始学演讲 /128
- 学会做自我介绍 /128
- 一定要记住的十种与客户沟通话术 /132
- 掌握四条表达公式，让客户更懂你 /138
- 熟练运用"出口"成交的"885法则" /143

第五章 成交利器
中财捷营销成功秘籍

05

第 01 节 中财捷新型销售人的基本素质 /154
- ▶ 良好的心理素质 /154
- ▶ 强大的适应力和学习力 /156

第 02 节 中财捷营销的六大关键 /160
- ▶ 中财捷的创业初心 /160
- ▶ 中财捷强大的企业愿景体系 /162
- ▶ 等级划分,专做应做的事 /163
- ▶ 唯有不可思议的目标,才能创造不可思议的结果 /166
- ▶ 成长比成功更重要 /167
- ▶ 使用系统的工具 /169

第 03 节 成交利器——销售人员必备工具单 /170
- ▶ 电销必备工具单 /170
- ▶ 微营销及面谈客户必备工具单 /179
- ▶ 销售专业技能训练整体解决方案工具单 /187

参考文献 /198

附录 /199

中财捷使命——让创业更简单

| 第一章 |

心强于行，行始于信
销售人的基本准则

SALES OPERATOR

码上听课

诚信始于心,商道践于行。当今的商业时代,销售是企业经营的关键行为,销售人员则是销售过程中当之无愧的重要角色。本章将重点揭秘成功销售员的成功秘籍、销售人员应该明晰的愿景体系及文化体系等,深刻理解销售人在企业和社会当中的职责及使命所在,为提高自身销售技能提供更加明确的目标和方向。借鉴西方营销学理论,吸收中国传统文化精华,我认为销售人员的基本准则应该是:心强于行,行始于信。

第01节

五大成功销售员的成功秘籍

　　每一名成功的销售人员身上都有着自己的优点,他们在强大的内心力量驱动下,勇于实践和探索,不断完成着自我升级,促成了一单又一单的交易达成,也实现了自己的事业成功。然而,这里需要重点提出的是,无论这些销售达人有多么与众不同,他们身上一定都有这样一些共有的特性,那就是思考、信仰、交流、发现、提问、观察、勇气、担当、赢取、佐证及日积月累,而这些也正是他们取得成功的秘籍。

▶ 思考、信仰、交流

1.思考:交易在你的脑袋里

　　交易在你的脑袋里,要思考以何种心态进行销售,最能决定销售的成败。简单来说，就是要在成交之前，将销售计划在头脑里思考成形。事先有了完备的销售计划，才能在接触客户时做到自信从容。学会思考，调整好销售前的心态，需要我们做到准备充分，其中很重要的一点就是要设想好以怎样的方式第一时间接触到客户。

销售之王雷义的成功秘籍
—— 见面前将准备工作极致化

美国人雷义1995—2018年在空客集团担任销售总监，23年里，为空客集团卖出了1.6万架飞机，日均卖出2架飞机，仅用4年便将空客市场份额从18%提高到50%。他的成功秘籍之一，就是深度思考，将准备工作做到极致化。

一是保证与客户见面时拥有充沛的精力。生活自律，烟酒不沾，见客户前先进行20分钟有氧运动，保持良好精神面貌，给客户自信和热情满满的感觉。

二是熟记产品特点和属性，做到知己知彼。他做过飞行员，所以能对自己公司和竞争对手的产品都烂熟于心，而且由于熟知竞争对手公司的飞机的优缺点，因此能轻松为客户提供直观可信的对比参数，增加了客户的信任度。

三是与客户见面前精心准备好销售方案。约见客户之前，提前预设客户可能要问的各种问题，针对每个问题，提前做好预备方案和应对策略。

2.信仰：相信你的公司、你的产品及你自己

"美国销售大神"杰弗里·吉特默认为，相信你的公司、你的产品及你自己，否则不可能达成任何交易，也就是创建一个四位一体、坚不可摧的信仰体系。这种信仰，包括个人修养和对公司、客户的感恩等，这对销售成功大有裨益。

推销之神原一平的成功秘籍
——信仰助力成功

原一平身高只有145cm，却是日本寿险行业公认的推销之神，曾连续15年获得日本保险业全国业绩第一。他的成功不仅在于其骨子里的幽默、苦练39种微笑提高销售技巧，更在于其内心强大的信仰。

首先，他非常自信。入职之初受到面试官的歧视，被认为不是销售这块料。但是原一平始终相信自己，在最初的7个月内他早出晚归，甚至睡过公园，苦练口才和微笑，广撒名片，终于在7个月后赢取第一份保单，当年成为公司销售冠军，一举成名。

其次，他非常感恩公司。成功后的他非常谦虚，总是感恩在心，感谢公司的栽培。他认为没有公司就没有后来的他，对公司的坚定信仰也是他走向成功的强大原动力。

最后，他保持着感恩客户的心态。这使得他可以时刻以一种谦逊和感恩的心态面对客户，无论是成功之前还是成功之后，始终都能为客户提供细致贴心的服务。

3.交流：与客户建立良好个人关系后再谈销售

除非已建立良好的个人关系，否则不要涉及销售话题。要学会运用"诱敌深入"的原则，设法让潜在客户对你的话题感兴趣，要设法与客户建立亲密的朋友关系。正如一句古老的销售箴言所说："如果全部条件都一样，那么人们喜欢同自己的朋友做生意。"

作为销售人员，我们虽然不能控制他人对自己的友好程度，但是我们可以做到的是自我控制，从销售过程中与客户的交流入手，先开口说，先谈客户感兴趣的话题，与客户建立良好个人关系后再谈销售会有事半功倍的效果。

推销大师马里奥·欧霍文的成功秘籍
——和客户做朋友再拿下订单

马里奥·欧霍文是世界顶尖推销大师和销售咨询培训专家，他有20多年的保险销售经验。每当面对一些排斥保险销售员的客户时，他都能以退为进，先尝试与客户做朋友，在坦诚交流中拉近与客户的距离，最终顺理成章地拿到订单。

一次他去拜访一家食品公司老板，这个老板一开始就拒绝了他，甚至一分钟的机会都不给。马里奥·欧霍文没有退却，而是指着该老板办公室里展示的商品，问他："这些都是您的产品吗？您做这一行多少年了？"老板点头，说："15年了。"就这样话题便展开了,老板开始和他分享多年来的创业的经验心得,还带他参观了公司。最后,在融洽的交流中两人建立了良好的关系,成为朋友,最终达成了交易。

▶ 发现、提问、观察

1.发现:明确客户的购买动机

"人们不喜欢被推销,但喜欢购物。"销售人员要有敏锐的洞察力,善于发现客户的购买动机,即明确客户"因何购买",确定他们的真实需求,并做到以完成客户的购买需求为销售目标,这远比以达成销售需求为目标更容易促成交易。确定客户购买的理由和动机,站在客户的角度介绍所销售产品或服务的卖点。只有这样,才能让销售更具针对性,也就更容易促成交易。

营销大师史玉柱的成功秘籍
——洞察客户痛点,创造营销传奇

史玉柱现任巨人网络集团董事长,从巨人汉卡到巨人大厦,从脑白金到黄金搭档,史玉柱可谓创造了一个又一个商业传奇。其中最经典和最家喻户晓的莫过于脑白金。脑白金在1994年创立品牌,1997—2014年连续16年荣获保健品单品全国销量第一。史玉柱是如何创造这一传奇的呢?其团队在产品上市前进行了大量的市场调研,通过专门与老年人聊天得知,老年人都非常渴望得到这款保健品,但是他们自己舍不得买,而是希望子女或者亲戚朋友能当作礼物送给他们。基于广泛的市场调研,史玉柱准确洞察客户的需求痛点,将产品定位为礼品,与保健品区分开来,后来便有了"今年过节不送礼,送礼就送脑白金""今年过节不收礼,收礼只收脑白金""今年过节不收礼,收礼还收脑白金"等一系列深入大众内心的经典广告语。

2.提问：促成从销售人员推销向客户主动购买的转变

向客户提出正确的问题，有助于促成从销售人员推销向客户主动购买的转变。销售人员在设计和提出问题时，既要能引导潜在客户思考个人需求，又要能让他们给出你想要的答案，从而掌握销售主动权，这可以引导销售过程中的一系列沟通，成交也就成了顺理成章的事情。

善于提问是销售成功的关键一环，在客户对问题的回答中销售人员可以引导他们自己说出需求，给出购买动机。经常询问潜在客户的想法，不仅有助于销售人员了解客户需求，也是试探客户是否愿意成交的绝佳机会。

3.观察：细心观察，见机行事

细心观察和销售中学会耐心倾听同样重要，它会带领你走向成功。对于客户的一些动作或表情，要学会留心观察，通过思考探索出客户当时的需求，再采取适当的行动，便能真正帮助到客户，取得客户的信任和好感，为达成交易奠定良好基础。

▶ 勇气、担当、赢取、佐证

1. 勇气和担当：冒险的精神加担当的勇气

冒险精神可以说是销售人员必不可少的精神之一，因为就销售而言，每天都是"冒险日"。不管是给客户打电话进行电话营销，还是面对面约访客户，或者是约访后的跟进和成交阶段，都需要销售人员拥有敢于冒险的精神。勇于挑战自我，要有胆量、进取心和魄力，打破陈规。可以从低级别的风险开始，然后逐渐自我升级，从而获得更强的自信心。

销售人员还需要有勇于接受失败的责任感，即使交易未能达成，也不必自怨自艾，而要敢于承担责任，从失败中学习，认真总结，以期将来汲取教训，获得新的成功。

2. 赢取和佐证：长远目标为实现客户转介绍

销售是为了建立长期关系，而非单纯赚取佣金，其更为长远的目标应该是实现客户转介绍。在经营长期关系方面越努力，就能赢得越多忠实客户，同时也就越容易达成交易。为与客户建立长期的合作关系，需要销售人员将目光放长远，不要仅盯在佣金的获得上。要知道，一位客户的现身说法远比100场销售演讲更有效。通过客户来推荐介绍客户，显然能降低信任成本，而且更容易取得销售成功。

推销大师乔·吉拉德的成功秘籍
——让客户帮助你寻找客户

乔·吉拉德15年推销出13 001辆雪佛兰汽车,日均售出汽车2.5辆,创下5项至今无人打破的吉尼斯世界纪录,被誉为世界上"最神奇的推销员"。他的成功秘籍不单单在于广撒名片、建立顾客档案、数据库营销、每月邮寄一张贺卡做售后服务等,更在于他实现了让客户帮助介绍客户。凡是存量客户,尤其是担任领导岗位的,他都尽力做到让领导客户介绍下属来买车,介绍者可以得到每辆车25美元的报酬等。

▶ 日积月累——任何人都无法一天变成销售大师

荀子云:不积跬步,无以至千里;不积小流,无以成江海。销售也是同样的道理,谁都无法一天变成销售大师,唯有通过日积月累的学习,才能成就自己的销售事业。

当真正理解了销售的成功哲学后,思考、信仰、交流、发现、提问、观察、勇气、担当、赢取、佐证

这些销售的秘籍便不再神秘,它们无非是那些销售大师在日积月累的实战中总结的经验。销售人员的任务则是成为一名虚心的学习者,研究并深刻地理解这些经验,再将它们应用到销售实践中。

中国传奇营销大师杜国楹
——积累经验创造五个品牌的成功

杜国楹是国内颇具名气的营销大师,他开始从事销售工作是在一家眼镜店,后被派到天津开发市场,因建议老板在媒体上做广告而大获成功。1998年他开发了第一款产品——矫正坐姿的"背背佳",用在眼镜店积累的销售方法和经验,他25岁便成了亿万富翁。

多年的营销经验,给了他开发产品的灵感,他先后推出过多款深受市场欢迎的畅销产品,比如英语学习机"好记星"、可手写且外形酷似笔记本的电脑"E人E本"、针对土豪的8848钛金手机以及按照克计量的"小罐茶"等,这些产品的营销灵感并非来自偶然,而是来自于一次次经验教训的总结积累。因为无论是成功还是失败,都是销售人员成长路上的"宝藏"。

第02节

销售是企业的"生命线"

对企业来说,销售的意义一言以蔽之:销售是企业的生命线。但这是以清晰的愿景体系为前提,以文化体系为根基的。

▶ 把握企业"销售"生命线的前提——清晰的愿景体系

1.企业的愿景是促进企业发展的动力

唯有不可思议的目标,才能创造不可思议的结果。企业愿景是企业立身之本。清晰的愿景具有强大的推动力量,可以充分调动员工的积极性,给他们指出清晰的发展方向。愿景就是企业的发展方向和战略目标,是促进企业不断发展进步的不竭动力。

腾讯的企业愿景最初是"成为最受尊敬的互联网企业",现今更新为"用户为本,科技向善"。阿里巴巴的企业愿景是"我们不追求大,不追求强;我们追求成为一家活102年的好公司。我们旨在构建未来的商业基础设施。我们的愿景是让客户相会、工作和生活在阿里巴巴"。中财捷的愿景:引领一千万个企业家更好地经营企业,解放企业消费力,培养1 000位月入十万的团队领导人。可见,无论是哪一家企业,自身都有着清晰的愿景体系,从而指引企业和企业员工朝着共同的目标努力,让不可思议的目标成为创造不可思议结果的不竭动力。

2.写下你的101个目标

愿景是方向,一个又一个目标是通向愿景的保障。一般来说,愿景是长期发展方向,可以被细化为不同阶段的发展目标。衡量各阶段目标是否合理通常有三大标准:一是激励性,目标如同理想,能让人热血沸腾;二是期限性,每个目标要有其达成的期限;三是可量化,目标要有可计算的规模,唯有给目标加上数字才能将其量化,2021年3月1日今天我要卖出2台车。此目标中车的具体数量就是给目标的量化数字。

明确的目标对于销售人员而言非常重要,唯有清楚知道想要达到怎样的销售效果,才能明确自己应该具备什么样的素质,以及在前进过程中应该付出什么

写下你的101个目标

1. 健康能量
2. 事业成就
3. 家庭幸福
4. 学习成长
5. 领导力
6. 顶尖人脉
7. 旅游
8. 物质享受
9. 财务投资
10. 贡献方面

样的努力。所以，进入销售行业，请先写下你的101个目标吧！

3.一个故事诠释企业愿景的重要性

同仁堂是我国中药行业的老字号，始创于1669年，至今已有300多年的历史。同仁堂品牌创始人乐显扬认为"可以养生、可以济人者，惟医药为最"，并把"同仁"二字作为堂名。"同修仁德，济世养生"是对同仁堂作为中医药企业愿景和精神的新概括、新总结，表达的是同仁堂人立志以服务人类健康为己任的理想和追求。这一愿景在同仁堂300多年的发展中起到了重要作用，成为同仁堂发展的指路明灯，并为同仁堂企业员工提供了完备的愿景体系。

▶ 筑牢企业"销售"战线的根基——建立优秀的文化体系

正所谓"三流的企业靠产品，二流的企业靠管理，一流的企业靠文化"，纵观世界五百强和基业长青的企业，无不有着优秀的企业文化。企业文化是一个企业发展的核心保障，而企业的文化体系则往往是在企业的经营管理中逐步形成的，它与企业愿景息息相

关。建立优秀的企业文化,需要做到如下几点。

1.保持激情:时刻保持创业者的心态

作为日本"经营四圣"之一的稻盛和夫先生,在其《干法》一书中提出一个著名的成功学公式:"人生·工作的结果=思维方式×热情×能力。"他还曾在《京瓷哲学:人生与经营的原点》中指出,要想成就辉煌的事业,必须有燃烧般的激情和热情,坚韧不拔,奋斗到底,不成功决不罢休。无论是对处于不同发展阶段的企业来说,还是对处于不同发展阶段的人来说,都要时刻保持激情和奋斗意识,以创业者的心态发展企业、提高自身。

2.养成学习习惯:成长比成功更重要

在当今这个学习型社会中,成长比成功更重要。在企业里,给予团队和团队成员最好的福利就是提供更好的学习机会。这不仅有利于实现员工的个人成长,也有利于企业更好地发展,能够提升企业的核心竞争力。以中财捷-金不换财务公司为例,可以看到其企业的学习氛围和学习型团队的建设。

学习型团队铸就企业辉煌

中财捷-金不换财务公司成立于2011年8月,业务范围覆盖代理记账、工商注册、变更、注销、网站、电商服务、知识产权、企业培训、法律咨询等。该公司自成立起就开始注重员工学习习惯的养成,并逐步建立起学习型团队,主要内容包括:

股东一年读书50本,经理和高管一年读书10本,开发线上学习系统——代账社,每年团队外出参加培训等。

浓厚的学习氛围助力企业快速发展,目前公司业务已覆盖全国各大中城市,成为与众多中小企业紧密结合的战略伙伴。

3.建立PK机制:强大的竞争对手让人进步更快

众所周知,人力资源管理中的经典理论"鲇鱼效应",是企业领导层激发员工活力的有效措施之一,有利于提高企业的竞争力和活力。PK机制正是在这一效应下,通过演讲竞聘、销售比赛、完成任务比赛等形式,让企业员工在与竞争对手的对决中快速成长起来,应用这种竞争模式,还可以提高团队的活力。

4.学会演讲:一对多的销售,让业绩飞起来

演讲是销售人员的关键能力,销售演讲并不是一种"推销方式",而是试图说服客户购买产品或者服务的一段独白。销售演讲

是在销售人员和客户之间建立和谐关系的对白,当产品与客户的要求像两个完美啮合的齿轮时,便达到了一种理想的状态。

销售人员演讲能力的提升,主要表现为一对多销售时可以更加顺畅地在销售人员与客户之间建立和谐关系,提升客户对销售人员的信任度,促进成单率,大大提升销售业绩。关于这一点,后文还将详细阐述。

▶ 销售决定企业生命周期

1.销售是企业的利润来源

无论对于哪种类型的企业来说,企业的产品和服务大多都是通过销售人员走向市场的。无论广告多么铺天盖地,分销渠道多么通畅,最终都是为了达成销售,销售的终端都是销售人员。

"百年大计,以人为本",作为实现企业发展的重要途径之一的产品(服务)销售,同样离不开人才,企业通过销售行为获取利润,就需要专业的销售人才,为企业源源不断地输送价值，也为客户创造价值。销售部门通过产品或服务销售，为企业回笼资金、带来利润，也为企业其他职能部门人员开支和企业生产经营奠定坚实的资金基础。

创始企业通过销售起死回生

曾经的国民饮料品牌"汇源果汁"初创时期，曾经有过一段艰辛的发展之路，为了通过销售给企业带来资金来源，其创始人朱新礼带领员工生产出一批新产品——浓缩果汁，他只身一人带着浓缩果汁样品到德国慕尼黑参加博览会，凭借着过硬的产品质量，成功拿下500万美元的出口订单，这在当时相当于约4 300万元人民币，就是这样一次极具魄力的销售，成功救活了当时正处于困难时期的几十个人的工厂。

2.销售是企业实现社会价值的资金来源

履行社会责任不仅是提升企业形象的一种方式，其实更是实现企业的社会价值。除纳税、遵守法律法规这些基本要求之外，公益也是实现企业社会价值的一项重要内容。尤其是近几年来，人们对社会公益事业日益重视，在社会公益的参与组织中，除政府、非公益组织、公民以外，企业也扮演着越来越重要的角色。

践行社会公益责任，企业需要资金基础，所以才有了"销售是企业实现社会价值的资金来源"这一说法。销售为企业获取利润，为企业提供投身公益事业的资金基础,从而能够践行企业社会价值。

玻璃大王曹德旺的慈善之路

国人熟知的玻璃大王曹德旺,不仅创建了世界上数一数二的汽车玻璃制造企业福耀集团,更是一位著名的慈善家。据统计,2020年新冠疫情爆发后他全年捐款15.5亿元。从1983年创业,曹德旺就开始做慈善,他成立了河仁慈善基金会,目前为止总共捐了160多亿元(含股票100亿元),曾多次跻身"中国首善榜",为社会公益慈善事业做出了巨大贡献。

他曾经说过,企业家的责任有三条:国家因为有你而强大,社会因为有你而进步,人民因为有你而富足。企业家若没有责任感,充其量是个富豪。企业家曹德旺用自己的行动亲身践行了当代企业的责任,践行了企业家的责任,真正实现了企业的社会价值。

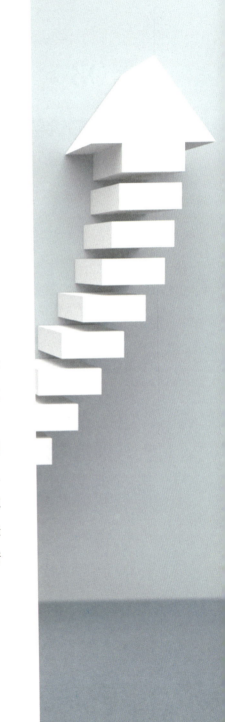

第03节

销售的价值在于为客户创造价值

对于销售来说，最成功的不是拿到多少订单、收获多少提成，而在于通过自己的专业服务为客户提供满意的解决方案，满足客户需求并为客户创造价值。

▶ 实现销售价值，要以人才为先

人是企业发展的主体，企业的关键因素在于人。销售价值的创造必须通过销售人员来实现，所以说实现销售价值，要做到以人才为先。

1.明确人才招聘途径、招聘态度

在当今多元化的世界，人才招聘途径也是多种多样的。比如，招聘网站、人才市场、自媒体招聘平台、行业协会推荐、员工引荐

（企业内部设立伯乐奖）及校企合作等。企业可以根据自身情况，选择合适的招聘方式。

招聘人才，企业不仅要有清晰的计划，同时还要坚定信心、做好总结，始终保持"天下没有招不到的人，只有价值观不同""天下没有招不到的人，坚持非常重要""天下没有招不到的人，信心是最大的动力"等态度，始终相信只要认真和努力付出，没有招聘不到的人才。

2.掌握人才面试技巧，保持正确的晋升态度

为企业选拔人才，尤其是销售人才，必须掌握必要的面试技巧。比如，提问要精练，简明扼要；提问抓住关键问题（主要工作经验、薪资期望值、以往离职原因等）；要善于倾听，多听少发问，倾听中综合评估面试者；要注意了解应聘者的职业规划情况，以及应聘者对企业价值观的理解认同感等。

如果说人才面试技巧是招聘人才时销售领导必须要掌握的，那么正确的晋升态度就是应聘成功的销售人员始终应当秉持的。几乎每个企业都有自己的晋升机制，销售人员应该充分理解企业的晋升机制，不断提升自身能力。

3.明确团队成员晋升空间、管理制度

晋升空间关系到团队成员的个人发展、稳定性和工作积极性。对销售人员，可以根据其工作年限、业绩表现及个人能力考核结果

等，设置不同的岗位等级和相应待遇标准，激励员工不断充实和挑战自己，争取晋升机会。

团队管理制度是确保团队正常运行的保障，唯有细化、明确的制度标准，才能让团队成员的工作有章可循、有据可依。

▶ 搭建企业与客户间的沟通桥梁

销售人员是企业与客户之间沟通的桥梁，是忠实的倾听者和认真的情报员。销售人员代表着企业和品牌的形象，是企业为客户选派的服务大使。再完美的产品也无法做到满足所有客户的需求，所以销售的过程中，或者是在产品售出后，难免会有客户针对产品或服务提出问题。此时，销售人员要甘当小学生，俯下身子，认真倾听客户对企业产品或服务的体验感受和意见建议，积极收集市场同业中各种信息，为企业改进服务、完善用户体验、提高经营管理水平等提供积极的参考借鉴。销售人员与客户的积极沟通，对于企业营销战略的制定和调整也具有很大的帮助。

销售人员积极沟通，完美搭建企业与客户间的沟通桥梁

张华是深圳南山高新科技园一家软件信息服务公司的销售总监，该公司专注于为银行、保险、券商等金融行业优质客户提供服务器等硬件服务和行情交易系统等软件服务，该公司打造了拥有自主知识产权的金融交易系统。

一次在对接某国有大型银行金融科技部门的时候，沟通中张华得知自己所在公司的软件产品和竞争对手相比响应速度偏慢，客户体验不够完美，用户界面设计也不够友好，公司的技术服务也不够到位。获知客户的这些反馈后，张华没有抱怨和责怪自己公司的同仁，而是及时向技术总监及公司领导进行反馈，在总经理支持下，积极推动技术开发和技术客服进行重点整改，增加带宽，完善程序，实现24小时服务。经过不断调整测试，所有问题被一一解决，最终拿下了国有大型银行的大订单。

▶ 积极为客户创造价值，精准定位客户需求

　　积极为客户创造价值，帮助客户解决需求难题，可以通过提升客户体验，帮助客户选择合适产品，让客户通过销售人员的推荐，更快选择到能够解决他们需求痛点的产品。通过销售人员的努力，让客户在行业中提升竞争力，感受到效率的显著提升，工作和生活都更加美好。

　　为客户创造价值，需要销售人员精准定位客户需求，更有针对性地为他们推荐产品，提升客户购买效率，这样不仅能为客户节省宝贵时间，也是在为自己的企业降低时间成本。

精准定位

华为云的一封销售信拿下千万订单

2020年12月,华为云的销售人员陈盈霖给"得到"App创始人罗振宇写了一封销售信,就是这样一封信说服了罗振宇将数据服务商定为华为云,这是一个每年几千万的大订单。信中介绍了五点,直击罗振宇的需求痛点。

第一,帮助"得到"App介绍客户。知道"得到"App正在做企业服务,便特意在华为的所有企业客户中,筛选出了一家优质客户,对方愿意签单500万元。

第二,打好感情牌,不给客户压力。强调介绍客户跟华为与"得到"App之间的合作没有任何关系。

第三,重视客户。强调华为总裁、副总裁都是"得到"App的忠实用户,并且很重视与"得到"App的合作。如能有幸合作,华为云将调集最优质的资源和最优秀的人员为其服务。

第四,表明服务态度。表示就算"得到"App拒绝华为云100次,华为云也还会继续和"得到"App进行第101次沟通。

第五,情怀表达。我们虽然没有"高级装备",但是在你最需要的时候,我们一定是金刚川上的那座"人桥"。

这位成功的销售员陈盈霖之所以让罗振宇感动,关键点就在于得知"得到"App进军企业服务领域时,华为云能够充分发挥自己的强项,主动为"得到"App介绍500万元的订单,做到了精准定位客户需求,为客户创造价值。

▶ 创新驱动企业发展，打造不平凡的自我

对于企业来说，创新不只是产品研发部门的事，除了产品设计与生产要创新，从价格到服务，从财务到人力资源，从渠道到企业管理方式，企业的每一个环节都需要创新。对于销售人员来说，重要的是要适应当前大数据、人工智能、云计算、5G技术及物联网等智能科技的发展和数字化转型趋势，不断加强营销创新，提升数字化服务水平，加快销售服务向数字化转型靠拢，推动企业在激烈的市场竞争中加速变革，提高市场竞争力。

对于销售人员来说，除利用每一次销售实践来积累经验外，还需要有较强的学习能力，紧跟时代发展，学习新的销售技能，并学会利用新的工具提升销售效率，比如掌握一些数据分析软件，可以帮助销售人员分析销售趋势和进行用户画像等。不断地学习提升，打造不平凡的自我，让自己紧跟时代发展，适应激烈的市场竞争，为企业、为客户创造价值。

第04节

销售人员潜质的挖掘与培养

▶ 你是否天生掌握销售技能

"他天生就是块做销售的料。"类似这样的话相信你也听到过。不过,这却是缺少依据的主观言论,常被认定为销售界最大的谎言。其实,销售也是一门科学,是需要后天学习才能掌握的。别人口中的天生销售员无一例外都曾不懈奋斗过。不断地学习,加上实践经验的积累,才让他们具备了销售的潜质,掌握了销售这门科学。以下个人性格测试列出了成功销售员具有的10个特质。做一下这个测试,看看你已具备几个特质?

我写下了我要实现的目标。	是□ 否□
我具备良好的自律能力。	是□ 否□
我有强烈的求知欲。	是□ 否□
我想建立广泛的人际关系。	是□ 否□
我能以积极的态度接受拒绝。	是□ 否□

▶ 你的销售模式属于哪一种？

不同的人有不同的性格，不同的销售人员也有不同的风格和销售模式。你的销售模式属于哪一种？下面介绍三种常见的销售模式。

1.佛系销售

佛系销售是一种相对被动的销售模式，主要依靠客户的转介绍。佛系销售在传统公司得到广泛应用，一般是因为创始人的人脉资源带来第一批客户，后期依靠客户的转介绍，逐步实现客户的稳定增长。

2.狼性销售

狼性销售是一种较为主动的销售模式。一般来说，具有较强的"攻击性"，主要采取在目标客户公司附近发广告宣传单、上门拜访、电话营销、网络营销、微信营销及自媒体营销等方式。狼性销售主要适用于发展型或增长型的企业。

我能妥善处理细节。	是□	否□
我是个有技巧的沟通者。	是□	否□
我想在经济上有保障。	是□	否□
我工作努力。	是□	否□
我喜欢挑战。	是□	否□

3.科技型销售

科技型销售，又称为科技型营销或微营销（精准式微信营销），是以智能机器人代替人工操作的新型营销方式。它是当今大数据人工智能发展的必然产物，和以往传统的人工电话营销相比，具有人工成本低、营销效率高、操作标准化和数据管理更高效等优点，目前在不少金融、科技及互联网公司得到广泛应用。

▶ 培养销售人员必备的六大素质

1.保持良好的形象

销售人员直接面对客户，其形象好坏直接影响到客户的认可度。有这样一句话："站姿看出才华气度，步态可见自我认知；表情里有近来心境，眉宇间是过往岁月。"虽说外貌形象不代表一切，但是精心的打扮和大方的妆容，足以让客户体会到销售人员的用心程度。所以，销售人员一定要注意自己的个人形象。具体来说，需要注意如下几点。

一是统一的工装。一个销售团队拜访客户，一定要着装统一，同时，要与自己企业的品牌和产品形象相契合，在视觉上给客户留下专业、规范的印象。

二是得体的妆容。无论男士还是女士，可参照专业形象设计师的意见和建议，在发型、妆容、饰品、包包等方面科学搭配，体现销售人员的自信与魅力。

三是得当的语言。谈吐是个人修养的体现，语气、节奏、语速等各方面都要注意保持平稳，语言上要做到言简意赅，有热情，有亲和力，善于倾听。

四是保持微笑。不需要刻意微笑，自然舒心的微笑会给人舒服的感觉。

五是注意细节。正所谓细节决定成败，一个好的细节可能引来一个客户，同样的道理，一个不好的细节也可能失去一个客户。所以销售人员一定要注意销售过程中的一些小细节，比如不打断对方讲话、注意宴会座次敬酒礼仪等。

2.拥有成功的企图心

销售人员的企图心表现在敢想敢做，勇于挑战自我，遇到挫折百折不挠，化一切不可能为现实，用成功证明自己的实力和价值。对成功的企图心，是支撑拼搏者在困难中前进的不竭动力。

贺学友凭借成功的企图心
成为阿里年度销售冠军

销售行业中不乏被强烈的成功企图心推动走向成功的例子，阿里的全国销售冠军贺学友，初入阿里时业绩平平，仰望成功销售者,后来业绩登顶,被他人仰望。他开创的每一个奇迹都是在强烈的成功企图心推动下不懈努力的成果。

2003年,贺学友给自己定下1 440万元的销售目标,马云表示不用1 440万,能做到365万就可以,结果到年底他创造了630万的业绩,成为绝对的阿里第一人;2004年,凭着出色的表现,他被阿里集团从杭州总部调到东莞分公司,成功使区域月销售额从原来的10万元做到了1 100万元,开创了又一个奇迹;2019年,他成功创立了知识付费平台"驿知行"。

3.具备优秀的沟通能力

毛遂敢于自荐,诸葛亮舌战群儒,靠的都是超强的沟通能力。现代商业社会中,沟通能力也是销售人员的核心技能之一。然而,优秀的沟通能力并非与生俱来。它同销售的其他技能一样,也是需要后天的学习和锻炼的。想要具备优秀的沟通能力,就要在实践中把握如下几点。

一是做好准备,不打无把握之仗。约见客户之前,一定要做足功课。通过实地调研、侧面了解及网络搜集资料等多种途径,全面掌握信息。预想面谈客户可能遇到的问题,提前做好准备,不能急于求成。

二是力求专业,提供好的解决方案。客户并不喜欢销售人员的巧舌如簧,动听的话并不能解决实际问题。销售人员应该加强对行业的理解和学习,并学会站在客户立场上,从客户需求出发,为其提供个性化、专业化的解决方案。方案做好了，问题解决了，胜过一切空谈。

三是因人而异，一把钥匙开一把锁。每个客户的类型、需求和个性各不相同，销售人员应该灵活应对。

四是把握重点，用数据和案例说话。现代社会节奏快，时间宝贵。有效沟通一定要注意把握重点，用最核心的数据事实和最具有说服力的案例征服客户，切忌不着边际和夸夸其谈。

4.学习能力强

销售人员时刻奋战在业务拓展的第一线，会比别人更先接触到一些新鲜事物，因此一定要具有较强的学习能力，力求能够敏锐地洞察和分析新鲜事物的特征，为销售工作提供新的思路，举一反三地拓展销售模式。

大数据、人工智能、区块链等智能科技迅猛发展的今天，现代科技改变着我们每一个人的生活，也为销售人员提供了新的销售工具，比如微信、抖音等这些新媒体的代表，已经成为销售人员手中必不可少的销售工具。

5.以"服务第一"为原则

当今的市场竞争已由过去的"商品竞争"演变成"服务竞争"，"服务第一"必须体现在销售人员的日常工作中。这要求我们必须拥有"客户至上"的服务意识，以客户为核心展开销售，以满足客户需求、让客户满意为标准，让客户体验优质的服务。

"服务第一"的原则还要求销售人员能先和客户做朋友，帮助客户解决困难和问题，再考虑商业合作或者推销产品，只有这样才能在各行各业同质化竞争的商业环境下，提高企业的竞争力，获得更多的成单机会。

6.抗挫折能力强

"将来的你会感谢现在奋斗的自己"，这几乎是被所有销售人员所熟知的一句话。销售工作是一个极具挑战性、极锻炼人的工作，任何一名成功的销售人员都有过很多次跌倒后的再爬起，如果没有足够强大的内心，将无法承受销售工作带来的巨大压力。

一名成功的销售人员至少需要具有内驱力（成功的企图心）、自信心（对企业产品和个人充满自信）、洞察力（理解把握客户真实需求）、掌控力（控制销售节奏进度）、韧性（抗挫折和抗压能力）。强大的抗挫折能力能让销售人员在业绩惨淡时不气馁，市场竞争激烈时不退却，在客户拒绝后有再试一次的勇气。

销售人员的六大素质

1. 保持良好的形象
2. 拥有成功的企图心
3. 具备优秀的沟通能力
4. 学习能力强
5. 以『服务第一』为原则
6. 抗挫折能力强

第二章

可视化电销

销售首战技能

SALES OPERATOR

码上听课

电话营销（电销）作为一种高效、低成本的销售模式，它的优点在于不仅可以迅速地触达客户，而且能让潜在客户更方便快捷地了解所销售产品或服务的优势。在我国大陆地区，电话营销业务从1999年开始广泛应用于拨入电话，随后开始逐渐应用于外拨电话，方式以数据库清洗、市场调查、客户关怀及寻找潜在客户为主。如今，电话营销已经成为主流的商业营销手段之一。电话营销在众多公司得到普及和应用，面临各行各业的激烈竞争，如何提高电话营销的成交率成为营销界的共同呼声。本章将从电销的概念和信念谈起，着重讲述电话营销人员的必备技能和操作战术，为电销从业人员提高成交转化率提供参考借鉴。

第01节

电销必备"868"原则

▶ 电销的8条顶尖信念

1.电销基本概念

电销是世界上一种通用的营销方式,它以电话主动呼出为主,以传真、信件、E-mail等方式为辅,有计划、有组织、有策略地联系目标客户,开展相应营销,帮助客户了解企业产品和服务,最终促成成交。

对电销的理解,可以从如下三个方面进行。

(1) 电销是一种概率营销。传统的电销从业人员中,往往每天规定打200~300通电话的任务,但每日的潜在客户、意向客户和最终成交客户很有限。因此,电销是一种概率营销。销售精英与新手的差别就在于销售成交概率的不同,本章的目的也正在于帮助电销从业人员提高销售技能和成功概率。

（2）电销是一种低成本营销。 电销减少了部分销售人员面对面接触客户的紧张和尴尬，也减少了企业销售人员交通、住宿和餐饮等方面的开支，相比面对面销售来说，是一种低成本营销。

（3）电销也是一种品牌营销。 电销能迅速触达潜在客户，方便客户了解企业产品或服务，对企业来说也是一次品牌营销，无形中扩大了企业品牌在消费者心目中的认知。如能顺利成交，售后服务良好，则是良好的口碑营销。

但是，电销也有一定的局限和不足。由于现代商业社会信任成本的上升，电销是无法取代传统的面对面销售的，它需要面对面销售来配合和辅助成交。实践中电销最终成功，往往需要一个较长时间的了解和磨合过程。

2.电销顶尖信念

信念1：你所接听或拨出的每通电话都是重要的

合作源于信赖，选择始于相信，相信的力量是强大的。也许电销人员的电话对某些客户来说是"骚扰"或者"多余"，也许不一定每通电话都会有热情的回应或礼貌的回答，但是你一定要相信你的公司、你的产品和你自己，相信你接听或拨出的每通电话对客户来说都是至关重要的、有价值的。一方面，你的电话能为客户提供公司产品或服务方面的资讯，满足客户的需求，为客户创造价值；另一方面，如果顺利成交，将为公司增加营业收入，创造利润。所以电销人员要有阳光积极的心态，相信每一通电话都可能给客户带来帮助，都会为成交奠定基础。

信念2：电话另一端的人可能成为对你有帮助的人

对于电销人员来说，心态决定成功，积极的、感恩的心态更有助于成功。不仅要相信每个电话都是重要的，也要相信电话另一端的人可能成为对你有帮助的人。你通过电话传达的产品信息或者是服务信息很可能正是对方所急需的，对方很可能还会有后续的产品或服务需求。一单服务满意后，对方还可能介绍更多的客户过来，这个最初的客户就成了对你有帮助的人。因此，要抱着感恩的心态去努力工作，争取每一个机会，时间迟早会给你满意的回馈。

信念3：真诚对待电话另一端的客户，相信自己的能力

因为热爱，所以喜欢。电话营销不是简单的一通电话，而是要融入情怀，融入对客户的关爱，把客户当作自己多年不见的老友，忙里偷闲和朋友聊天。你的电话不单单是传递企业的产品或服务信息，更是传达你对客户的像对老友一样的关心，是一种真情真诚的流露。你应抱着喜欢、学习的心态和对方沟通，而不是机械地完成工作任务。同时，也要喜欢自己的声音，相信自己的能力，并相信自己专业的回应可以打动对方。

信念4：电话是全世界最快的"交通工具"

电话营销一定要有效率意识和竞争精神。相信电话是全世界最快的"交通工具"，不用坐火车也不用担心飞机晚点，一个电话就

可以高效快速直达客户。初步沟通了解后，可以很快明确客户的意愿和需求，下一步就要决定对这个客户重点关注、适当跟踪还是干脆放弃，这些在打通电话后都会得到答案。所以在电话营销中不宜拖泥带水，而应干脆利落，以快取胜。

信念5：下一通电话比上一通电话更有进步

水滴石穿，绳锯木断。努力终有收获，坚持就是胜利。电销是一个循序渐进学习和不断磨砺提高的过程，无论是销售精英还是刚入行的小白，都要相信坚持的力量。相信自己，你的下一通电话一定比上一通电话更有进步。总结经验，吸取教训，相信在每一通电话中都能克服困难，规避缺点，不断成长。

信念6：因我要帮助客户，所以我打电话给他

保持阳光的心态，你的电话不是去打扰别人的生活，而是想通过这个信息给客户的生活和成长带来帮助。电销人员要始终坚信为了帮助客户，所以才打电话给他。秉承这样的信念，哪怕被人拒绝，也不会有太大的心理落差。

信念7：感动自己，感动客户

2016年有本畅销书的书名是《努力到无能为力，拼搏到感动自己》。电销人员也应该有这种心态，努力拼搏，感动自己，感动客户。不管有多少困难，多少挫折，始终努力且真诚，心怀热爱、充满热情地为客户服务，先感动自己，再去感动客户。

信念8：我会成为电话营销的顶尖高手

没有谁生来就是销售大师。作为电销人员，心底要有一种强大的信念支撑，坚信自己会成为电话营销的顶尖高手。即使刚刚入行，操作还比较生疏，但是相信天道酬勤，经过一段时间的实践和奋战，你也会从新手进阶为高手。

成功销售员原一平努力到感动客户

原一平是日本公认的寿险销售之神。1930年他好不容易以见习生身份入职明治保险，最初拓展业务的7个月里，没签成一单保险。窘迫的时候他没钱坐公交，没钱买早餐，睡在公园里。但他坚持见人便狂撒名片，苦练39种微笑，保持乐观向上。他的微笑感动了一位绅士，后来绅士就买了一份保险，还为他介绍了不少客户，就是从这第一单开始，客户源源而来，寿险销售之神的开挂人生就此开启。

电销8条顶尖信念

1. 你所接听或拨出的每通电话都是重要的
2. 电话另一端的人可能成为对你有帮助的人
3. 真诚对待电话另一端的客户,相信自己的能力
4. 电话是全世界最快的交通工具
5. 下一通电话比上一通电话更有进步
6. 因我要帮助客户,所以我打电话给他
7. 感动自己,感动客户
8. 我会成为电话营销的顶尖高手

▶ 电销前的6项准备

凡事预则立，不预则废，电话营销同样如此。接通一个电话可能只需要30秒，沟通交流的时间也可能只有几分钟，但是准备的时间可能要一个小时或数个小时。电话营销成功与否，往往与准备工作有直接关系。电销前有如下6项准备事项。

1.让对方听出你的自信

自信是成功的基础准备。电话营销主要通过声音的魅力感染打动客户，自信会让你的声音富有魅力。而自信来自于电销人员整洁的外表、着装和充分的方案准备。这些前期准备工作既能体现对客户的尊重，也能增强电销人员的自信，这种自信也能通过声音传递给客户。

2.调整最佳声音状态

电话营销是"不见其人，只闻其声"。清晰、悦耳、有魅力

的声音给人舒服的感觉，因此，好的电销人员必须调整最佳声音状态。实践中可以把自己的声音录制下来，自己反复听，和优秀演员、央视主持人的声音对比，从中找出不足并加以调整改进。

3.消除恐惧心理

电话营销中经常遇到被拒绝的情况，电销人员可能会产生挫败感和畏惧心理。实践中电销人员要善于及时调整心态，以帮助他人的态度，坚持不懈打电话，只有在实践中不断磨炼，才能逐步消除恐惧心理，带着自信沟通。

4.确定短期和长期目标

电话营销人员也要有自己的目标，可将其分为短期目标和长期目标。比如将短期目标设定为熟悉业务流程，考核基本达标；长期目标设定为业绩做到前三名。有了明确的目标，才能更加清楚自己的努力方向。电销人员还要在实践过程中根据目标定期检查和调整

具体实施方案。

5.了解公司业务和产品

　　了解公司业务和产品是销售的基础。作为电话营销人员,接听或拨打客户电话时,面对客户的咨询,必须在较短时间内做出回应。假如一边接听电话,一边还要查询资料,容易给客户留下不专业的印象,影响企业形象。因此,必须做足功课,提前将公司业务和产品内容、业务办理流程、操作步骤、服务措施等了解清楚,做到有备无患。

6.做好电话记录形成档案

　　电销人员开始工作之前,一定要提前准备好笔记本和笔等,接听或拨通电话后养成随手记录的习惯。接完电话后可对客户信息进行整理汇总,长期积累后分门别类形成客户档案,为日后营销跟踪奠定基础。本书第五章提供了电销人员必填三大表单,读者可根据需要参照填写。

▶ 电销的8种经典开场白

　　俗话说,万事开头难,电话营销也是同样的道理。下面以中财捷-金不换财务公司企业服务平台总结的经典开场白方法为例，提供电销的8种经典开场白，供电销从业人员借鉴参考。

1.直截了当开场法

生活在当今快节奏的社会中，电话营销直截了当开场能够充分利用宝贵的时间，提高沟通效率，让客户第一时间明白来访电话意图。比如下面的这组提问方式，不卖关子，直击客户需求，可有效节省双方时间。

A：早上好，朱总，打扰您工作（休息）了。我是中财捷高级财税顾问丽敏。请问您这边新开的公司现在是需要找人做账报税吗？

B：哦！你这边是做账的是吧，你们公司在哪里的，怎么收费？

2.同类借故开场法

同类借故开场法适用于客户接电话时较忙不方便接听的场景，与对方沟通约定某段时间后再打过去，实则是一种缓兵之计。

A：××女士/先生，我是中财捷公司高级财税顾问丽敏，我们是做财务咨询的，可以耽误您一分钟吗？

B：我在开会。

A：不好意思打扰了，我过30分钟后再打过来可以吗？

B：好的。

A：打扰了。（此时应快速挂掉电话。大约30分钟后，再次拨通电话。)

A：××女士/先生，我是半个小时前打过来的中财捷公司高级财税顾问丽敏。

B：你好。

3.他人引荐开场法

他人引荐开场法是为了降低现实中被直接拒绝的概率，以第三人介绍增加信任背书，促进电话营销顺利进行。

A：李先生，您好，我是中财捷公司高级财税顾问丽敏。我是经您朋友范总介绍，听说您新公司开张，有财务做账报税需求。

B：范总？我怎么没有听他讲起呢？

A：是吗？真不好意思，可能范总最近比较忙，还没来得及向您引荐吧。您看，我这就心急地主动打来电话了。

B：哦，没事。

A：那真不好意思，我现在就跟您讲讲做账报税的事宜吧。

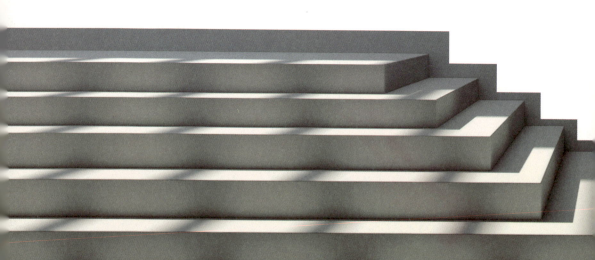

4.自报家门开场法

自报家门开场法类似直截了当开场法，但和直截了当开场相比，在坦诚中注重寻求共同特征，尝试拉近沟通距离。

A：张大哥您好，我是中财捷公司专门帮企业解决财税问题的，我也姓张，最近您有遇到财税方面的问题吗？

B：哦，没有，谢谢啊！对了，你这边可以帮助注册商标吗？

A：可以啊。这样，我加您微信，帮您查询一下相关情况。

B：好的。

5.故意"找茬"开场法

故意"找茬"开场法是一种主动寻找共同话题的电话沟通开场白，找到共同话题作为切入点是沟通的艺术，更是沟通的技巧，目的在于降低沟通中被拒的概率。

A：李总，早上好，我是中财捷高级财税顾问丽敏，最近怎么样？

B：还好。

A：是这样的，我们公司主要是帮企业注册公司、做账报税和注册商标的，之前您这边有打过电话来咨询做账报税的事情，不知道您考虑得怎样了？

B：你打错了吧？

　　A：不会吧，难道是我的顾客回访档案记录错了。真不好意思，那您现在是否有财务做账报税需求？

6.彼此熟悉开场法

　　彼此熟悉开场法是一种典型的电话营销开场白说法，电话接通后要与客户讲明之前曾经有过接触，是一种相对熟悉的关系，甚至可以以朋友的身份询问具体事宜作为开场方式。

　　A：胡总，我是之前联系您的中财捷高级财税顾问丽敏，现在您公司财务做得怎样了，有没有什么财税问题需要帮忙的？

　　B：不是很好，你们公司在哪里？

　　A：有什么困难是我可以帮到您的？我们公司在白云区。

7.从众心理开场法

从众心理开场法是利用大众的从众心理,以市场行业中已经成交的某个知名优秀企业或以往业绩数据为背书,引发客户兴趣,引用数据或者相关成功案例时一定要有真实性。

A：您好,朱总,我是中财捷高级财税顾问丽敏,我们公司是专业从事工商财税服务的,成立十年来帮助了××等全国1万家企业解决财税疑难问题,想问下贵公司目前有这方面需求吗?

B：是吗?××公司也是你们客户?

8.巧借东风开场法

巧借东风开场法是一种不直接谈业务而借题发挥的开场方式,通常可以借助另一较为知名的合作公司或本公司周年庆以及节假日营销活动等打开话题。

A：您好,请问是钟总吗?

B：是的,哪位?

A：您好,钟总,我是中财捷高级财税顾问丽敏,今天给您打电话最主要是感谢您对我们公司一直以来的支持,谢谢您!

B：什么事?

A：是这样的。为答谢老顾客对我们公司一直以来的支持,公司特准备开展周年庆优惠酬宾活动。我想,钟总一定很感兴趣的!

B：那说来听听!

第02节

电销人员必备技能

▶ 保持良好心态，电销前做好充分准备

1.塑造阳光心态，克服电话恐惧症

态度决定一切。良好的心态是电销人员成功的基石。只有具有阳光心态，才能拥有积极向上的正能量，保持足够的工作热情。同时，电销行业每天打出去的电话直接被拒接或销售过程中被客户拒绝都是常有的事情，电销人员不应该产生过多的恐惧心理，而应该保持强大的内心，目标坚定，在不断的实践中总结经验，磨砺心态，提高抗挫折和抗压能力。

2.坚定信念，启动客户同理心模式

信念是电销人员心中那轮永不陨落的太阳，能带来无尽的精神力

量。当坚定帮助客户成长、为客户创造价值的美好信念时，就能更加积极努力地工作。同时要站在客户的角度上思考问题，理解并把握客户需求，能随机应变、跟随客户情绪，并能保持对客户足够的认同。在获得客户理解和信任的基础上，有针对性地开展营销业务，才容易促进成交。

3.准备好扮演不同角色，勤奋才能心想事成

由于工作环境的不断变化，电话营销人员要准备好扮演不同的角色。成功的电销人员需要像心理学家一样能洞悉客户心理和需求，需要像客户的朋友一样能倾听，需要像外交家一样能优雅从容地处理问题，还需要像管理学家一样有智慧，同时也要是一名健谈者，只有这样才能更好地服务客户，帮助客户解决问题。

可见，成为一名成功的电销人员，并非一朝一夕的事情，还需要长年累月的积累和奋斗。爱因斯坦曾经说过，成功等于勤奋努力加正确的方法加少说空话。那么，勤奋对于电销人员来讲，就是带着自强不息的劲头和永远不会安于现状的心态，朝着心中的成单目标迈进。

▶ 精准分类意向客户,做好针对性跟踪

1.如何分类意向客户

所谓意向客户是指基本认可我们的服务,处于选择阶段和购买前期的客户,实践中大致可以分为如下三种类型。

A类准意向客户是指对企业的产品或服务存在明确的需求或欲望,目前正处于选择和考虑阶段,经过营销有望成交的客户。

B类潜在意向客户是指暂时还不存在需求,但是未来短时期内可能有相关需求,经过了解对比和营销有望成交的客户。

C类培养型意向客户是指聊得好的意向客户。这类客户可能短时间内不存在需求,但是比较容易沟通,不拒绝企业营销,对公司产品服务和销售人员比较认可,通过一段时间的需求引导可能转化为企业的真实成交客户,或有望介绍客户给企业。

2.意向客户记录与跟进方法

我们可以用三个不同的笔记本,根据准意向客户、潜在意向客

户和培养型意向客户做好不同类别的客户分类记录（当然也可录入电脑做成客户档案或数据库，如果有一个销售CRM系统效率会更高）。把每次的通话重点内容记录下来，记录内容包括公司名称、公司地址、客户名字（全名）、跟踪日期、跟踪后的结果及微信号等详细情况。在下一次拨通电话之前温习一遍，打电话时可以做到有的放矢。注意意向客户本子一页最多容纳两个客户，要留较多的空余地方写跟踪记录。

3.ABC类意向客户跟踪法

寻找意向客户要坚持"快、准、狠"原则，跟踪意向客户要坚持"勤、细、狠"原则。对于不同的意向客户，也应采取不同的跟踪方法。

对于A类准意向客户，第一通电话就要试着约见，约见不成则约好下一通电话时间。三天内必须进行二次跟踪，及时通过短信或微信联系，周末发祝福短信，保持像朋友一样的互动。

对于B类潜在意向客户，要约好下一通电话时间，微信了解客户变动情况，固定时间发祝福短信，每个月固定时间回访，三天或

五天后进行二次跟踪。

对于C类培养型意向客户,要保持联系,重点是转介绍。固定时间发祝福短信,每个月固定时间回访,给他们分享好的文案,做好节假日问候,微信保持与客户联系。

▶ 保证每日电销次数,做好客户常见问题解决方案

1.如何做到一天打300通电话

电销人员都有工作量的考核,比如一天打300通电话。如何做到一天打300通电话,是要讲究策略和技巧的。

首先,做好打电话前的准备。情绪上要达到最佳状态,形象上保持微笑,可对镜子练习。声音要清晰、动听,尽量使用普通话。工具上要准备黑蓝红三色笔,还有笔记本、便签纸、计算器等,以便随时做好记录。

其次,坚持打电话的三大原则。声音够洪亮,能让对方听清并能体会到你的自信;情绪上要保持热情,让客户感受到你的真诚;做到坚持不懈,提前制订好当天的工作目标与工作计划。

最后,留意打电话需要注意的细节。用耳朵听,听细节;用嘴巴讲,沟通与重复;用手记,记重点;站起来打电话,站着就是一种说服力;不要打断客户的话,真诚热情积极地回应对方;集中精

神打电话，重要客户也不超过8分钟。

"阿里金嗓"吴晨美：
五次以上的坚持打动客户

国内电销界开山鼻祖吴晨美，人称"鬼爷"，2004年加入阿里担任诚信通产品的电话营销。当时很多中小企业老板不会上网，不会打字，面对面沟通都很困难。她刚入职的时候上级主管频繁变更，根本没人帮带，她只能自己摸索，不断实践。每天她都以火热的激情拨通一个又一个电话，高峰时期每天打电话超过300通。其中有个客户，她坚持打了五次以上电话，面对客户的质疑，她不卑不亢地回应："如果我是一个骗子，你有见过这么坚持的骗子吗，就是为了骗你2 000多块钱？"后来客户被她的真诚打动，顺利签约。就这样，在实践中她总结出"业绩=技能×客户管理×心态"的系统公式，很快成为阿里电话营销全国冠军并做到大区经理，拿到了人生第一个百万年薪，被马云誉为"阿里金嗓"。

2.客户常见十大问题解决方案

实践中电销人员通常会遇到客户提出的各种各样的问题，针对不同的问题需要对症下药，针对性解决。

问题一：客户说"我考虑考虑"。这种情况下客户通常是表示犹豫或者婉拒，电销人员应趁热打铁，沟通清楚客户顾虑的原因或痛点在哪里，是对公司品牌不认可、产品不满意还是价格超出预算等。

问题二：客户说"太贵了"。针对贵的问题，可以强调公司在该行业服务多年，以及服务的专业性。还可为客户计算性价比，折算到每天，就能让客户看到公司的报价是划算、合理的。

问题三：客户一直不相信电销人员说的话。可以用已经成功合作过的知名公司案例佐证，也可以用不满意退款等售后服务条款增加客户的信任度。

问题四：客户说"我最近很忙没有时间"。可以约定下一次商谈的时间，忙一般只是借口。

问题五：客户说"看到过你们公司的负面信息"。用数据说话，向客户讲明公司成立了多少年，曾经服务过多少客户等事实，用有说服力的成功案例证明公司的实力，并向客户询问清楚负面信息的来源，强调会做进一步核实。

问题六：客户问了价格后就没有反应了。其中有很大可能是价格问题，可以考虑给予一定增值服务，短期试用一段时间或者先签小单。

问题七：客户老是拿本公司和别家公司做对比。强调本公司是量身定制的服务，有定制化服务套餐、标准化服务流程，其他公司不具有可比性。

问题八：客户说"等有需要的时候再说"。可以为客户介绍公司目前的优惠活动，并且强调活动是有时限的，机会难得，可以先预定下来。

问题九：客户老是反复思考，迟迟不做决定。搞清楚客户的真正顾虑，给出解决方案，讲明本月已经签约了多少客户，利用客户的从众心理促成签约。

问题十：客户说"我从来都不跟陌生人合作"。邀请客户到公司参观，请客户实地考察公司并体验公司的服务，逐步打消客户顾虑。

金牌电销为客户提供有用资讯，获得更多成交机会

张丽敏是中财捷的一名电话营销员，她的工作是通过电话营销把专业的财税服务带给企业的老板。广州财税服务公司比比皆是，收费层次不齐，服务标准各自为政，客户到底应该如何选择？这个时候，销售人员就非常重要了。张丽敏通过积极的电话营销，找到很多的意向客户，她通过各种渠道，找到很多最新的财税政策，连同一些比较有用的企业管理相关资讯，第一时间发给客户。而且她每周都会给客户发送短信慰问和祝福，客户收到信息后感觉很有价值，对她的印象更加深刻。通过不断的坚持，她再给客户打电话，对方知道她是那个给了他们很多最新资讯的人，便非常信任她，几乎没什么犹豫就与她成交了。就这样，她很快成了公司的金牌电销，并成功成为了电销经理。

第03节

新时代电销必备元素

▶ 三招提升电销效率

1.第一招:有一个清晰的销售工作规划

如同职业生涯规划一样,电销人员也要有自己的销售工作规划。比如,一个月的销售业绩目标是100万元。这100万元需要多少个客户达成,平均一个客户需要贡献多少万销售额;目前现有的客户数量中有多少存量客户,还需要开发多少新客户;平均每日需要成交多少客户,打多少个电话;如此等等。要让目标在工作规划里形成细化的数据。

2.第二招:搭建意向客户池库

根据前文中对意向客户的分类,无论是准意向客户、潜在意向客户还是培养型意向客户，都需要电销人进行充分的积累和不断的开发。根据每个月的销售工作规划，每个月需要有足够数量的意向客户。假如意向客户或已成交客户已达到一定数量，就可以将主要精力放在维护存量客户上，这样仅靠老客户转介绍就能达成销售业绩目标。

3.第三招：准确判断、分析客户出现的问题

电话营销过程中，客户提出问题和需求是正常的。作为电销人员，必须有分析家一样的视角，能够准确判断、分析客户出现的问题，想方设法提供个性化、专业化的解决方案，以满足客户的具体需求。

▶ 电销打动客户的四大秘籍

电销人员要成功打动客户是需要技巧的，这也是无数电销人员追求的目标。如下四大秘籍可供参考借鉴。

1.秘籍一：了解客户的想法和需求

电销人员要打动客户，必须站在客户角度，坚持客户思维，了解客户的想法和需求。如果在电话沟通中能够像与朋友聊天一样默

契,准确摸清客户的需求痛点,则客户对电销人员的信任感无形中也会提升,这样将会更容易打动客户,为成单奠定基础。

2.秘籍二:建立起客户的情感信任

电销之所以屡屡被拒,主要是因为不能面对面交流,缺乏情感信任。建立这种信任感,首先要真诚,素未谋面的情况下,更要真诚相待。其次,要充满感恩之心,感恩客户的耐心。再次,要专业,这体现在对公司产品和服务的理解上,要向客户展示电销人员专家顾问的形象和足够的专业度。最后,要有信心,充满自信,才更能让客户产生信任感。

3.秘籍三:消除客户的疑虑

由于信息的不对等,客户很可能对电销人员所传递的部分信息表示疑虑。针对这种情况,电销人员先要站在客户的角度上表示理解,再为客户提供客观公正的佐证,比如企业的专业资质、荣誉奖章和行业成果等。尽可能用事实和案例说话,让客户对你的产品或服务有更深入的了解,这样信任感就会逐渐建立起来。

4.秘籍四：保持足够的耐心

耐心能体现出电销人员的服务态度和人文涵养。保持足够的耐心，耐心打、耐心说、耐心听、耐心记、耐心等，同样能给客户留下深刻印象，更容易打动客户。

▶ 新时代电销做到这九点，不愁没客户

1.真诚、热情地回应客户

电话营销人员需要学会沟通的技巧。真诚、热情地回应客户，既是对客户的尊重和礼貌，也能调动沟通氛围，得到客户的理解和认同。

2.不要打断客户讲话

同客户交流沟通过程中，电销人员要保持认真倾听。在客户讲话没有结束之前，没有讲到重点之前，没有讲到完整的意愿之前，都不能打断客户讲话，这是对客户最起码的尊重。对于部分滔滔不绝的客户，也不应打断客户讲话，只可以委婉善意地提醒，并抓住

客户提出的重点问题做回应。

3.注意力要高度集中

把电话营销当成一堂简短的课程，电销人员就好比是谦逊的学生，精力必须高度集中，不能分心。要让思绪集中在自己当前的电话沟通上，注意电话中客户所讲的每一句话。

4.听话要听内容和听声音

电话营销人员无法做到与客户面对面沟通，更没有办法"察言观色"。但是可以及时察觉客户声音、语调的变化，从中捕捉客户心理和情绪变化，从而更准确地把握客户心理状况和需求，以便更好地服务客户。

5.在话筒中传递真诚

由于无法面对面沟通，电话营销人员服务客户过程中的神态、仪表、动作和表情都无法被客户直接看到，因此一定要通过声音来传递自己的真诚。平缓的语气和舒缓的语调，都可以让客户感受到电销人员的真诚，即使电话沟通也要面带微笑，这样平和的情绪便会自然而然地通过声音传达给客户，真诚的态度经常能打动客户。

6.对客户说的话表示出足够的兴趣

电销人员在电话沟通过程中,一定要表示出对客户的需求和爱好非常感兴趣。只有这样,双方才能产生共鸣,才更容易达成合作和交易。

7.全神贯注于当前的通话

要做一个擅于聆听的人,全神贯注于当前的通话。专注于客户提出的问题、客户给出的回答,才能在为客户解答疑问时,更准确地抓住客户的需求痛点。同时,专注于当前的通话,也是对客户的尊重,能让客户体会到电销人员对他们真诚的态度。

8.适当提出引导性的问题

跟客户沟通的最后阶段,电销人员需要专业、得体地提出引导性的问题,并帮助客户解决沟通过程中没有解决的问题,这样也能帮助自己获得更详细的客户信息,最终锁定客户的真实需求。

9.做好重点记录并确认

电销人员记录信息时,不能毫无重点地做记录,这样不仅会增加工作量,还可能因为记录内容多反而抓不住重点信息。所以,记录一定要做到详略得当,有重点和非重点之分。对重点信息要做到详细记录,以便在后续客户跟踪过程中可以根据重点信息做针对性回访。

▶ 新时代电销的七问七思七激励七醒

1.电销人员的晨会七问

电销人员要坚持每天开晨会,并在晨会上思考关于以下七个问题的答案,每一个答案都有相应的提示,对照提示可以更加清楚自己一天的目标和任务。

No.1 我今天的目标是什么?

提示:必须首先明确自己当天的目标,这是一天行动的方向。

No.2 我今天最重要的改进是什么?

提示:必须明白自己今天最重要的改进和突破是什么,这有助于目标的达成和个人成长。

No.3 我今天如何与周围的人相处?

提示:要与人为善,今天如何与人相处会影响自己的心情和收获。

No.4 我今天要学哪些新知识?

提示:保持强烈的求知欲,不断获取新知识,才能走向成功。

No.5 我今天要有怎样的心情?

提示:今天要用怎样的心情开启新一天的美好生活和工作。

No.6 我今天怎样比昨天做得更好?

提示:必须反思,如何做才能让今天做得比昨天更好。

No.7 我想要得到和拥有什么?

提示:静下心来问问自己,从工作实践来看,最想要得到和拥有什么。

2.电销人员的晚会七思

电销人员的晚会内容主要是总结一天的工作情况,查看自己一天的工作是否完成,是否尽全力了,同时还要为明天的工作做好思想上的准备,并定好明天的工作目标,这样既积累了经验又定好了新目标。

No.1 我今天是否完成了我的目标?

提示:通过一天的工作,重新检查今

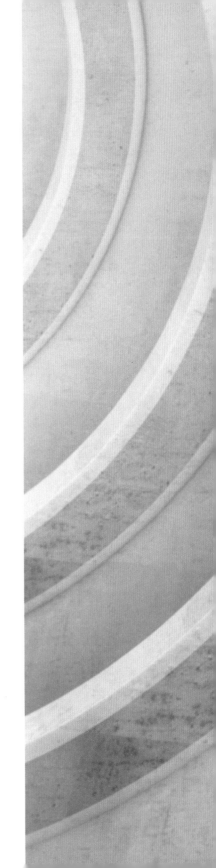

天是否完成了自己的预期目标。

No.2 我挣到钱了吗?

提示:根据最直接的目标来看,自己今天是否增加了收入。

No.3 我离我的周/月目标还有多远?

提示:对比目标找差距,看距离自己的周/月目标还有一段怎样的路程。

No.4 今天发生的问题我都解决了吗?

提示:仔细梳理,思考今天发生的问题是否都已解决和落实。

No.5 我今天做事情全力以赴了吗?

提示:问问自己,今天做事情是否竭尽全力。

No.6 我明天的目标是什么?

提示:展望明天,思考明天的目标是什

七思

么,该怎样开启明天的工作。

No.7 我明天如何才能做得比今天更好?

提示:反思一下,明天怎样做得比今天更好,以期取得更大进步。

3.电销的激励七法

任何工作都需要激励,电销工作压力大,电销人员尤其要学会自我激励,让自己填满动力再出发。电销人员常见的几种自我激励方法如下。

No.1 今天,开始不一样的"烟火"。

提示:激励自己,今天要开始不一样的"烟火",不一样的一天,太阳每天都是新的。

No.2 今日事今日毕。

提示：提醒自己，坚持今日事今日毕，做事不拖延。

No.3 我一定要比昨天有进步，日日进步才能成功。

提示：告诫自己，一定要比昨天有进步，不断进取，日积月累，点滴汇成江海。

No.4 用微笑面对每一个人，学会请教和分享。

提示：告诉自己，保持微笑，用微笑面对每一个人，学会请教和分享。

No.5 让完成目标成为一种习惯。

提示：提示自己，以结果和目标为导向，让完成目标成为一种习惯。

No.6 我要立即改正错误，决不再犯。

提示：提醒自己，有错误和不足就立即改进，决不再犯。

No.7 我是一切的根源，一切从我开始。

提示：每日自省，不抱怨，不责怪，一切从我做起，从我开始。

4.电销的七大自我提醒

不断的自我提醒，是取得进步的自我推动力。电销人员无论是在工作中还是在生活中，都要学会适时地自我提醒，这也是通过心理暗示的方式，告诉自己怎样才可以变得更加完美，怎样才能更快地实现自我提升。

No.1 你有多大价值，你的薪水就有多少。

七醒

提示：你的价值和薪水相匹配。你有多大价值，就有多少薪水。

No.2 你的内心改变了，你的世界就会改变。

提示：牢记保持内心的强大，积极改造你的世界。你的内心改变，你的世界才会改变。

No.3 永远不要放弃对成功的追求。

提示：心中要有一团火，永远不要放弃对成功的追求。

No.4 要让事情变好，先让自己变好。

提示：自己是一切的根源，先改变自己，再改变事情。

No.5 先处理心情，再处理事情。

提示：境由心造，先让心情美好，再让事情变好。

No.6 失败是从放弃开始的。

提示：永远不要放弃努力，决定放弃的那一刻，你就已经失败了。

No.7 做事要认真、要快、要准、要全力以赴。

提示：要有良好的执行力。无论做任何事，都要认真、快速、准确，更要全力以赴。

| 第三章 |

用微营销创造客户需求

销售必备工具新玩法

SALES
OPERATOR

码上听课

微信的到来,掀起了新的营销热潮,引领了新营销时代。微信已经成为一个能改变营销方式的工具,对微信来说,其营销的优势就在于这个平台具有较高的转化率。微营销之所以能够成功,是因为它建立在好友间信任的基础上,而这刚好与转介绍的营销模式不谋而合。对用户来讲,微信不仅仅是朋友间点对点的通信工具,更是建立彼此信任关系的平台。众多企业通过微信公众号的运营吸引更多客户,因为他们知道用户会因为这个平台而增加对产品或品牌的信任感。因此,微营销有着其他渠道无法比拟的营销优势。本章将重点介绍微营销如何颠覆传统营销思维、微营销账号的建立及营销价值、个人微信号的营销策略以及如何搭建属于自己的高价值私域流量池,实现流量变现。此外还有如何将微信公众号、视频号粉丝引导到个人微信号上,个人微信号如何涨粉等落地实操指南。

第01节

微营销成为标配

微信刚创建时，没有人预料到它有颠覆移动通信行业格局的能力。而今天，微信除了展开通信技术革命，还正在布局基于移动互联网的商业平台。移动互联网时代发展起来的微信，将会开启一个全新的商业世界。

毋庸置疑，微信会成为未来最成功的产品之一，通过私密社交，打通人们在现实生活中的社交网络，以朋友关系链建立的消费者群体极为庞大，其营销价值之大可想而知。同时，陌生人社交也在潜移默化中渗透到了人们的交友圈子，而微信被作为营销工具去传播，最终构成人与人之间的闭环。O2O亟须找一个切入点，而口碑营销、数据库营销、直复营销及体验营销因为微信的产生将得以快速实现。这样的例子不胜枚举，相信每个人都能从微营销中找到商机。微信的到来，掀起了新的营销热潮，引领了新营销时代。

微信，一个能改变营销方式的工具

从2011年微信出现以来，这款新兴产品正悄然改变着人们的生活。2014年底微信用户量突破5亿以来，微信用户以每个季度新增5 000万的节奏稳步增长，至今日活跃用户已接近11亿。

2021年的今天，微信已经不仅仅是一款应用产品，它开始渗入人们生活的各个方面。沟通方式在改变，记忆留存方式在改变，发声方式和渠道在改变，娱乐休闲方式在改变，支付方式在改变，工作方式在改变……

碎片化的移动互联网时代，微信用各种连接方式使用户形成全新的习惯，以人为中心、以场景为单位的连接体验催生了新的商业入口和营销模式，微信基本上沿着"积累用户数量—增强用户黏性—培养用户习惯—探索商业模式"的路线发展。

微信重视用户的体验，也刻意培养用户的使用习惯。每个版本的发布都充分考虑用户对功能的熟悉度，每次只进行少许改进，这种不断优化改进的策略与曾经QQ邮箱的升级策略相似，两个产品每次升级提醒用户的方式也一脉相承。

其实，微信真正的突破还在于越来越多的45岁以上人群选择使用微信。微信的界面简洁大气，而且注册规范，一个手机号只能注册一个微信号，操作简单，使用门槛低。尤其是微信语音的推出，让不习惯打字的中老年人也认为这是一种便捷的通信手段。

▶ 微营销颠覆传统营销思维

1.微营销的本质：知道你，亲近你，为你叫好

当今的市场营销，其本质并非为客户服务，也不单是满足人们的需求，营销的本质特征是公司间的斗争，是在同竞争对手的对垒过程中，以智取胜，以巧取胜，以强取胜。

思维决定方向，方向决定高度，高度决定视野，视野决定结果。

身处2021年的时代背景下，人们更应当深入思考微营销，以及销售人员如何用好微信这个工具。沟通渠道变了，营销有了新的含义。传统营销的"营"常被理解为经营或赢利，而现时代的营销则要理解为"营造"——营造一种让对方更好地购买服务与产品的场景和氛围。营销高手都具备一种讲故事的能力，用故事营造氛围。通过讲述一个与品牌理念相契合的故事来吸引消费者，使品牌在消费者心中留下深刻的印象。

爆红"褚橙"

——饱含血汗的创业励志故事,创造营销传奇。

褚时健曾经是玉溪卷烟厂的厂长,一手创造中国烟草业的第一品牌——红塔山,被人誉为"一代烟王",之后却锒铛入狱,75岁重新创业,将普通橙子卖成"励志橙"。

消费者购买褚橙不仅是因为它味道好,更多的是想品味和学习褚时健的那种创业精神,那种在人生失意时永不放弃的态度,以此来实现一种自我激励,成就更好的自我。

这就是"褚橙"区别于普通橙子的核心因素,"褚橙"浓缩的是褚时健的人生经历以及从低谷崛起的不服输的精神。这样的品牌故事赋予"褚橙"太多的人格背书、精神背书、情怀背书,产品受到消费者青睐是意料之中的事情。

因此,品牌故事重要的不是故事本身,而是能否用故事连接品牌和消费者,感受他们的感受,表达他们的内心。只有和消费者产生情感共鸣,才会激发他们的购买欲望,提升他们对品牌的忠诚度。

微营销的本质：售前让消费者知道你，售中让消费者亲近你，售后让消费者为你拍手叫好。

营销通过对细节的把控和精妙的设计，吸引更多人关注自己，并通过打造个人微信IP，让这些潜在用户成为自己的客户。在前几年的微博营销中，很少会看到商家利用这个平台使劲吆喝，而是采用非常隐性的方式为产品做宣传。比如讲一个故事，或是和用户公开互动，表面上看不出任何打广告的痕迹，事实上，这种软广告的效果恰恰是极好的，客户的转化率也令人满意。由此可见，微营销的核心手段，就是客户关系的管理。

如何让陌生人变成潜在用户，让潜在用户变成自己的真正客户。这是营销者们需要思考的问题。

微信拥有近11亿用户，当你添加其他用户为好友时，对方为什么要添加你为好友，是你微信中哪里吸引了对方，或者说，你打造的微信给对方留下了哪些深刻印象，这是一个很重要的问题。

2.微营销VS传统网络营销

微信作为即时通信工具,具有零资费、跨平台沟通、显示实时输入状态等功能,与传统的短信沟通方式相比更灵活、智能,且节省资费,因此,微营销已成为大势所趋。

那么,相对于一些传统的网络营销,微营销又有着哪些优势呢?这就不得不说到大家广泛讨论的微信与微博价值之争了。

如今,无论在公共场合还是私人场合,微信都已成为年轻人的通信新宠,新一轮的营销盛宴即将来临。这一幕也让人不禁想起微博刚刚兴起时,年轻人都拿着手机"织围脖"的场景。微博刚出现时,人们都在惊呼营销进入了社会化时代,品牌传播的模式不再是大众媒体时代的单向度线性模式,营销必须"互动"起来。

总体来说,相比微博,微信就是绝对的"许可式"营销。微信团队对微信原有功能做了进一步改善,将微信手机客户端转移到电脑上,甚至还添加了全城定位搜索功能,使商家足不出户就可以锁定潜在客户人群。人们可以利用微信及时发送文字、图片、音频甚至是视频,对潜在客户群进行企业宣传或者优惠活动的宣传等。具体来说有以下几点。

（1）微信比微博更有私密性。微博的出现实现了网络营销的互动性，但是大家都知道它和传统媒体的传播方式差不多，区别只在于以前用拍摄精美的广告片、广告海报来传播，而现在则用140字的段子来传播。微信虽然不能像微博那样转发，可是它本来就是一款纯粹的沟通工具，所以不能转发反而成了优点，因为你和用户之间的对话将不会公之于众，私密性得到了很好的保护。如此，你跟潜在客户对话的亲密度就可以更高。

（2）微信的用户黏性更强。微博是媒体，微信是客户关系管理工具。微博在网络营销中从本质上来说更倾向于媒体，是传播信息的一个载体。微信则是一种非常强大的客户关系管理工具。如果用户不去扫描某品牌二维码或者微信号，添加其为好友，就绝对不可能收到这个品牌的微信消息。这种模式下的粉丝质量远高于微博，因为他们都是自愿接收你的"广告"，都是你的忠实客户，因而黏性更强。微信可以接收E-mail、文字、图片、链接、语音甚至是视频，企业可以根据自己的需要，灵活地运用这些形态传递信息。同时，微信除了"发送"以外，还可以随时收到用户的反馈，对此，其他营销方式则望尘莫及。

综合来看，不少营销专家认为，微信将会成为互联网营销领域的一把利剑，它将会给互联网营销领域带来重大突破，也将让各行各业在本质上实现变革。所以，从现在开始，要重视微营销，快速抢占市场，拥有自己忠实的微信粉丝。当量变引发质变时，微信将成为企业的一把利刃。

▶ 微信账号的营销价值

1.微营销账号的建立：个人微信号、公众号与订阅号

微信公众号是开发者或商家在微信公众平台上申请的应用账号，该账号与QQ账号互通，通过公众号，商家可在微信平台上实现和特定群体的文字、图片、语音、视频的全方位沟通、互动。形成了主流的线上、线下微信互动的营销方式。建立公众号很简单，双号运营就是互推的意思。一个订阅号用图文吸粉，导入到另外一个服务号里，这样就是双号运营了。订阅号负责宣传和挖掘新的客户，服务号负责维系老客户，并不定时地宣传活动信息。这样既不影响推广，又可以很好地维持已有客户的关系。有些企业还开通个人微信号，这三类账号同时使用，互相补充，尽可能地传播品牌价值。当然，需要提醒的是，采取多号战略也会存在一定的问题，如品牌的混淆、运营成本的增加、粉丝对官方账号的迷惑等。所以务必先把各个号的定位搞清楚了，然后再考虑多号战略。

订阅号每天都可以发一条消息，适合做新客户的开拓、培养新客户、促销产品，为企业创造利润。服务号每个月只能发四次消息，适合用来服务好老客户。老客户已经体验过产品的好处，只要做好服务，他们就会重复购买，因此不需要推送大量的促销信息给客户，一个月推送四次就足够了。

微营销初期，企业需要一个订阅号来进行宣传，每天都可以推送一条信息，这对于企业发展新客户是非常有利的，因为潜在客户

在购买企业的产品之前,需要长期地跟潜在客户进行沟通,并想办法让客户相信企业能够帮助到他们,并最终购买企业的产品。

2.微信个人账号的三大营销价值

(1)打造个人品牌。

企业需要建立自己的品牌,而个人也需要建立自己个人的品牌,无论是建立企业品牌还是个人品牌,都是需要一定时间的,是一个长期的过程,良好的个人品牌有助于产品的销售,也是良好的人脉维系的开始,所以打造个人品牌是微信个人账号的营销价值之一。

(2)促进产品销售。

第二点与第一点是相辅相成的关系,打造好个人品牌有利于促进产品销售,因为只有你的粉丝认可你、信任你,才能促进成单。

(3)维护客户关系。

现在很多销售人员在电话沟通或面谈后都会询问客户微信号,这方便了与客户之间关系的维护,谁都知道与客户关系的远近直接影响着成单率的高低。因此微信个人号维护客户关系的营销价值应该是最大的。

第02节

个人微信号营销策略

▶ **打造个人微信IP的五个结构**

以下是中财捷微营销运营过程中总结的个人微信号的建立和维护技巧，即打造个人微信IP的五个结构。

1. 微信头像

（1）必须是自己本人真实的头像，头像必须清晰，有独特的个性，能给人留下深刻印象，可以是职业风格、可爱风格或者是妩媚风格，总之要让人印象深刻。

（2）头像大小合适，必须要占到小方格的70%，而且不能有太多繁杂的修饰成分，要给人一种干净整洁的感觉。

2.微信名字

（1）微信名字要容易称呼、容易记忆、容易搜索，忌讳用一些英文、字母、符号或者一些复杂生僻的字当微信名字。

（2）名字中要有自己本人真实的姓、名或者能够代表自己的标签，在这基础上可以再加其他元素。

3.个性签名

（1）个性签名要做到积极向上、简单明了、充满正能量、朗朗上口。

（2）签名可以是公司广告词，也可以是自己的人生格言。

4.朋友圈背景图

（1）背景图要具备关键要素：品牌名称/公司名、你的领域/你的身份，甚至你的目标。

（2）背景图可以根据自己的状态去更换，但是必须简洁，忌讳过分夸张或花哨。

5.朋友圈经营

（1）从时间维度上说。

①发广告的核心在于广而告知，同一条可以多发几次，第二次发的时候要把前一次删掉，以免给人留下重复、啰唆的印象。

②把握最多人刷朋友圈的5个黄金时间。

分别是：早晨6:00—8:00、上午10:30—11:30、中午12:00—1:30、下午5:30—7:30、晚上9:00—11:00。

（2）从素材维度上说。

可以分为五大类内容：观点干货类、情感心态类、新闻热点类、企业类、销售类及好评和感受类，下文中会做详细介绍。

（3）从标题维度上说。

①为你要表达的事情、观点，取一个标题，打造成一个IP。

文字：整齐、美观，重要内容保持在6行以内。

图片：1张/3张/4张/6张/9张。

②取标题过程中要思考以下问题：

这个标题吸引我自己吗？

我的这条朋友圈在向我的微信好友表达什么？

是积极的还是负面的呢？

是否能够让别人产生共鸣？

（4）从持续维度上说。

①要坚持把朋友圈打造成"连续剧",留下悬念,留下期待,吸引好友持续关注。

②数量适中,可以每天发9条朋友圈。

（5）从价值维度上说。

要常思考如下问题:我发的这条朋友圈对我或者对的我企业有什么帮助?能否带来长效受益?

可以分享简短的专业小知识,打造一个有价值的朋友圈,定期分享一些自己行业内的干货、方法、小技巧等。这些分享一定要是客户所不知道的,这样可以利用他们对新事物的好奇,证明我们的专业性。

微信IP的五个结构

1 微信头像
2 微信名字
3 个性签名
4 朋友圈背景图
5 朋友圈经营

▶ 个人微信号的管理

1.分类管理微信和好友，分类意向客户

（1）管理微信好友的三种方法。

方法一，根据所属行业的标签定义：所在行业不同，服务的群体对象也就不同，举例来说，做化妆品行业面对的大部分客户群体是女士，母婴行业面对的客户群体是孕妇和婴儿，保健品行业面对的主要客户群体是中老年人……可以根据不同客户的消费能力、年龄段等，将不一样的人加到不一样的微信分组里面去。

方法二，根据产品标签定义：思考自己所在行业有哪些产品，比如中财捷-金不换财务公司所在的行业是企业服务，涉及的板块很多，其中就有代理记账服务以及销售培训，可以根据这两类不同产品将客户划分到不同的微信分组里面。

方法三，根据自己的身份标签定义：根据自己在工作和生活中扮演的不同角色，是企业老板还是团队负责人，还是个体销售人员，据此给自己的微信号不一样的定义。

（2）好友备注及标签管理。

要养成每添加一个好友都加备注的习惯。如果是已经签约合作的客户，写上"标签+价格+姓名+公司名+区域"；如果是意向客户，则备注"意向等级+业务类型+姓名+区域"，此处的意向等级是指把意向客户分为ABC三个等级。

还要注意把重要客户都打上标签，比如记账客户、注册客户、

商标客户，甚至流失客户都要分一个标签。一个客户可以同时打上多个标签，打上标签的目的之一就是方便私聊。比如今天公司搞活动，这个活动专门针对注册客户，就可以打开注册客户的标签组，一个个去私聊；如果是注册公司有活动，就打开注册公司的意向客户，一个个去私聊。目的之二是为了之后发朋友圈的时候可以针对某个标签的客户去发，也可以屏蔽某个标签的客户。

2.朋友圈文案技巧

优质的内容始终是朋友圈文案的核心，好的内容不但能获得大量传播，还能提高新用户的关注，通过内容吸引来的粉丝，不仅精准而且质量高。

那么什么样的内容比较受欢迎，能得到用户青睐？

结合个人微信号以及公众号的垂直化定位，一般可以提供五种选题内容，解决五个问题。

（1）观点干货类，能提供技能指导。

现在任何一个行业、任何一类人群都需要技能指导、实用建议及干货类的内容，这类干货内容总是特别受欢迎。

（2）情感心态类，能慰藉心灵。

所有人都需要有内容能提供慰藉、抒发情感、缓解压力，或者帮助表达，甚至发泄情绪。所以鸡汤文和情感文章一直都很受欢迎。

（3）新闻热点类，能缓解资讯焦虑。

每个行业都有新闻和热点，而在信息碎片化、新闻大爆炸的时

代,所有人都需要接收最新的新闻热点、行业资讯。如果发布的文章正好赶上某个热点话题,且角度新奇,吸引效果会暴涨。怎么发现热点话题?微博热榜、知乎热榜、微信指数查看关键词热度,这些渠道都能很快抓住热点。

(4)企业类。

介绍自己的企业,打造企业品牌,将企业塑造成为创业者的榜样,这样可以通过"有温度"的宣传带来真实感,并促成成交。具体可以收集开会、团队活动等素材,打造有声有色的朋友圈内容。

(5)销售类及好评和感受类。

分为硬性和软性广告。可以介绍企业的福利性销售活动,也可以放一些隐形的销售文案,但凡有成交收款的截图都要发出来。

以上五种内容基本是所有人都需要的。这样的内容更容易生存,也"活"得更久。你可以根据自身定位去合理分配自己在某一领域下这五种内容的配比。

总结起来就是用户存在刚需:知识焦虑+情感焦虑+资讯焦虑,优质内容涨粉,可解决用户刚需。内容涨粉=打造爆文,这个说法不无道理。

▶ 私域流量如何运营

1.公域流量与私域流量

随着5G时代的到来,传统的互联网流量获取渠道在逐渐变窄,企业获客成本逐年增加,而转化效果却非常差。于是,企业开始思考如何低成本获取流量并实现转化,通过加强用户运营,从通过互联网公域流量获取新用户的运营模式向尽可能掌握更多用户在企业自己手中的私域流量模式转变。

公域流量就是公共流量,比如常见的淘宝、京东、天猫、今日头条等平台,这类平台最大的流量特点就是付费,只有花钱才能获得平台赋予的用户流量。而且,企业还需要绞尽脑汁地创新活动,吸引用户在这里停留并消费,以便更好地销售自己的产品。

与此相对,私域流量是相对公域流量来讲的一种概念,即指不需要付费,可以在任何时刻、无限频次、直接可触达用户的渠道,比如现在流行的自媒体、微信群、小程序、App等。

比如中财捷-金不换财务公司曾经遇到过很多次这样的咨询:抖音能做吗?他们的回答是:所有公域流量都是为了转化为私域流量,私域流量在企业运营方面往往比公域流量更具优势,并且裂变性更强。所以,企业要抓住私域流量带来的红利机遇,掌握私域流量,大大促进企业与用户之间的连接,增加用户忠诚度和精准触达率,从而提升业务增长。

2.私域流量的优势

（1）性价比高：目前公域流量的红利已经见顶，主要是需要付费且价格越来越高。而私域流量是企业通过自有微信群、企业微信、小程序、短视频、App等向客户推荐符合用户调性的消息，最关键的是还不需要任何费用，企业可以从线上线下各个渠道逐个击破，进行互相导流，实现用户增长。因此，私域流量成为当下成本低、效益高的最佳选择。

（2）可持续精准触达：由于公域流量的用户都掌握在第三方平台手中，对于企业来讲用户都只是过客，若要持续触达就要不断付费买流量，而且无法保证其精准性。而私域流量的用户只要企业通过微信群、小程序、朋友圈等渠道与用户建立关系，这些用户就都会成为企业的私域流量，而且能够根据用户属性精准推荐。

（3）客户信任度和忠诚度高：公域流量的用户忠诚度普遍比较低，只要商家推荐的内容或产品不符合用户的口味，用户就会自发地流失。但私域流量不同，在私域流量中，环境相对来说会比较封闭，用户可以被集中管理，商家也可以多次触达用户，与用户联结更加紧密，也就能获

得更高的信任度。

（4）客户价值高： 当内容质量足够优质或者产品质量足够好，并且社群运营良好时，购买率都会很高。而用户一旦成为企业的私域流量，就会一直在企业流量池里，前提是企业提供的产品或服务有足够吸引力，能引导复购。

（5）客户黏性高： 用户反馈能得到及时跟进，商家在提升用户体验的同时，还可以根据用户的需求进行产品迭代与创新，商家越多为用户花心思，自然也就能为用户提供更优质贴心的产品，提高用户黏性，而不是一直靠单向推销。

3.如何搭建高价值私域流量池，实现流量变现

现如今，市场经过一番洗礼，无论是资本大鳄还是蚂蚁雄兵都在讨论私域流量池。线上流量日趋昂贵，流量的竞争近乎惨烈是私域流量火爆的直接原因。还有诸如IP打造、内容输出、会员体系、社群裂变、用户自循环等，让人眼花缭乱。但检验真理的标准只有一个：实现流量变现。

（1）营销人员如何管理私域流量池。

要分不同微信号去管理，具体可分为以下几种。

主微信号（2~3个）：只加3A级客户（合作客户、意向客户、培养型客户）

小号（2~3个）：用于管理群好友、通讯录好友。

粉丝号（2~3个）：用以累积大量的粉丝，可用于添加附近人、

不明身份的粉丝。

（2）如何深层次触达客户，增加粉丝黏性。

流量由"公"到"私"的转变，实际上是商家对用户运营的更精细化运营的转变。比如通过持续输出优质的内容对客户进行精细化运营，拉近商家与粉丝之间的距离，称为"深层次触达用户"或"圈"住客户，这可为流量变现打下基础。

商户可以进行客户分层、促活、信任经营，可通过买家秀、专题文章、直播真人秀等功能，借助买家粉丝的内容输出对其他粉丝进行"种草""安利"；而社区团购、积分商城则通过团长和商城的后续激励运营来增强粉丝黏性，提升复购率。

（3）如何实现流量高效转化变现。

在电商平台，商家和消费者只能完成一次交易，每个商家都希望与客户之间谈一场长期的"恋爱"，不让一次交易的结束代表一个客户的流失。那如何提升客户的价值呢？这就需要商家通过新零售数字化会员体系沉淀客户挖掘价值，促使私域客户下单，从而达到最高效的流量变现，完成私域流量运营的全链路。具体做法有：与会员不断对话，挖掘单客价值；积分刺激，让会员持续复购；优质内容引领付费趋势。

想要利用微营销拓展自己的收益，最根本的是要明白，微营销并不是什么神兵利器，最终还是需要回归商业本质，只有不断打磨好自己的产品，找到相应的消费群体，并用品牌和品质打动客户，才能逐渐使客户成为私域流量，创造更高的收益。

第03节

微营销
媒体打造

▶ 公众号对个人微信号的促进作用

1.为什么要把粉丝引流到个人微信号

公众号是企业私域流量池的首选,但是随着个人微信好友上限不断突破,更加凸显了个人微信在搭建流量池上的重要性。

无论是做服务还是做产品,引流到个人微信号后,其沟通成本、教育成本更低,转化成交更便捷、更简化,个人微信号权重更高的"人格化"也让客户信任、成交周期变得更短。同时,引流到个人微信号还可以避免公众号封号给企业客户资源造成的摧毁性打击,个人微信号和公众号这"一大一小"的鱼塘,对客户资源予以双重保护,实现了客户资源保护"双保险"。

2.如何将微信公众号粉丝引流到个人微信号上

（1）借助自动回复功能。

每个刚关注公众号的微信用户的活跃度和意向度都是相当高的，利用关注公众号后的自动回复发送一些资源福利来引导粉丝添加个人微信是非常有效的方法。

通过大量实验可以发现，同样内容的图片话术引导转化效果是文字话术的3倍以上，所以可以设置成：在粉丝关注后让系统自动回复一张免费领取福利资源的海报，来引导他们添加微信。只要粉丝关注公众号就能收到海报提示，借助这样的方式就可以实现自动引导粉丝加微信的效果。只要你提供的福利资源够垂直、标题足够有吸引力，那么粉丝有很大概率会主动加微信。

上述方式讲的是针对新关注的粉丝做出的动作，但是可能出现首次引导并没有触达到用户需求，导致用户转微信粉丝失败的情况。针对这部分已经关注又还未转微信好友的粉丝，需要在日常运营中合理进行多次不同维度的资源福利引导，来触达他们的需求，实现让客户自动加微信的效果。

（2）利用公众号客服系统进行自动撩粉。

你现实中经常能看到一些擅长玩裂变营销的大牛公众号在粉丝关注以后会时不时推送一些文字、链接、海报、文章等形式的内容，来有效提高粉丝活跃度。除去司空见惯的每日图文消息推送，粉丝时不时还能在聊天窗口收到公众号的"定时自动撩粉"行为。消息出现时，会在粉丝微信的聊天列表出现一个"1"的未读消息，非常明显。

这样的操作能够让公众号对粉丝发送的消息不再被淹没在用户的"订阅号消息"列表里，而是直接以一对一聊天的方式提醒。

同理，我们可以借助这样的效果，时不时地给关注公众号的粉丝推送一些低价福利甚至是引导加个人或企业微信号的海报引导。

▶ 视频号对个人微信号的促进作用

1.何谓视频号

视频号是腾讯新推出的短视频产品，半年多时间日活用户达到3亿，它借助微信社交生态，和朋友圈、公众号、小程序互通，再加上后期会开通直播功能完成整个生态链。

个人号—微信群—朋友圈—公众号—小程序—视频号—微信直播。这样的一个生态链，对于做营销的人来说，简直就是福利。关于视频号有以下一些注意事项：注册账号的时候要注意视频号的名字是唯一的；视频号的最小尺寸为608px×1080px，最大1230px×1080px，拍摄的时候要注意构图；视频号目前最长可以发60秒的内容，也可以发9张以内的图片；发布作品的时候可以添加话题以及标签，支持添加地理位置和公众号链接，尤其注意公众号链接是后期变现的重要渠道；视频号目前支持分享好友、朋友圈、社群及收藏等功能。

2.视频号如何引导关注个人微信号

引导视频号的用户关注个人微信号是变现的第一步。通过视频号吸引客户，让客户添加个人微信，然后在私域上通过多次的触达和影响，实现后端产品的成交。这是所有想通过视频号变现创作者必过的一关。

目前来看，引导用户添加个人微信号有以下几种常见的方式。

第一，在视频号的主页写上，回复"1"领取资料，引导用户私信你，然后发送引导用户关注微信号，在评论区回复你指定的关键词领取资料。

第二，在视频号的下面挂一个公众号的链接，在公众号里面，针对赠送资料进行价值塑造，引导用户添加关注微信号，就可以领取资料，这样就达到自动为微信号引流的效果。

第三，做好视频号内容，去吸引源源不断的用户关注，然后主页上直接写明如何添加作者的微信。只要内容足够实用，就会有人去主动加你。当你有了用户，自然而然就会有客户来做咨询，这样就会有很多后续变现的机会。

第04节

微营销中普通销售人员所不知的技巧

▶ 微信号涨粉全攻略

1. 不忘初心，引流不打无准备之仗

在引流中，最重要的就是"引"字，即吸引客户的关注。社交电商、微商以及新零售人员，不要只想着如何在微信上添加多少好友，而是要想办法去吸引用户进行主动添加。你邀请添加的好友，很多人对你和你所从事的行业是没有多大兴趣的，这样的用户没有办法被你吸引，就很难成为你的粉丝，更不要说变现了。但是如果你的客户都是被你的产品、魅力所吸引来的，他们就是有需求的客户，有着强烈的成交欲望与需求，转化起来会更加简单容易，这种用户被称为精准客户或者说精准粉丝。

在引流的过程中一定要注意自己的角度以及心态，需要站在客户的角度去看问题。"利众者伟业必成"，这句话真的很有道理。

引流高手都是那些喜欢给予他人帮助的人，大家之所以喜欢他、关注他、相信他，就是因为他能时刻提供给客户帮助，而不是一味地转化索取。任何一种社交关系中，喜欢提供价值的人，喜欢帮助别人的人，总能赢得大家的信任，而信任正是成交变现的重要影响因素。

2.调整引流心态，给足客户转粉理由

引流后的粉丝如何转化，是重中之重的问题。对于个人微信号而言，最重要的就是产品和粉丝量。产品是基础，粉丝量是决定销售的重要营销因素。很多企业都知道如何引流、增加粉丝，但是不知道如何转化，这让添加的粉丝白白流失，也损失了一大批客户。那么，引流后粉丝究竟该如何转化呢？

（1）加关注后及时沟通。粉丝加关注后，一定尽快打招呼，可以编辑一段吸引人的自我介绍放在备忘录里面，随用随取。这就跟人初次见面要发名片、握手一样，属于基本礼仪。切忌一开始就谈自己的产品，除非粉丝主动问你。关注后进入观察期，看他如何对待你、每天发什么、转什么，你很快就能了解他的情况。

（2）多和粉丝互动。日常生活中，要多和粉丝进行互动，可以通过点赞朋友圈和微信群聊天等拉近彼此距离。点赞应本着礼尚往来、及时满足好朋友分享欲望的态度积极点赞。评论应彰显诚意，避免单纯的笑脸等表情。目的就是要我们多和微信好友们互动。评论要有特色，能够引起他们的注意，形成互动。

（3）粉丝标签做好分类。 给粉丝分类，然后通过标签给粉丝打上印记，这样方便记录，针对不同类型的粉丝采用不同的交流和沟通方式。例如卖化妆品的除了记录客户的基本信息之外，可以在跟粉丝交流的过程中了解粉丝是干性皮肤还是油性皮肤，皮肤是否容易过敏等，及时为客户打上标签，方便后续跟进和销售。

（4）群发要有技巧。 群发其实是要有一定技巧的，把握好群发的频率、内容以及发送时间。群发应该体现无需求感。群发的目的是为了破冰、升级关系，而不是为了卖货。太过功利的销售型群发消息99%会被屏蔽，更不用想着会带来销售了。

3.打造超吸粉IP，遇见意向客户

个人号获取优质粉丝，首先需要达成共识的是，除大众消费品外，其他产品的目标客户都是有特定人群的，只有跟对的人说对话，才能把钱收回来。所以就算要增加个人号好友数量，也要有选择地添加。

所以，这个阶段我们的目标是先明确潜在的目标客户是谁，他们都在哪，并且最大程度地将他们添加到微信好友里。在明确谁是潜在的目标客户时，很多人都踏入了误区。大多数人因为无法描述目标客户的特点，连目标客户是谁都不知道，所以更不知道去哪里找目标客户。

只有通过细分定位，找到最有购买能力和最有需求的目标人群，作为撬开市场的切入点，才是对接优质目标客户的前提。通过下面的案例，我们能更清晰地理解目标客户定位的重要性。

微电销目标客户
——精准式微营销定位出最有需求的人

微电销女神方青青，一开始接触微信时想着可以通过微营销去获得更多的客户，她认为每个人都是创业者，都是她的精准客户。

当在大脑中呈现这种错误的认知时，她的做法是：漫无目的地加人，摇一摇，附近的人，加入各种各样的群，不断地发广告，王婆卖瓜式地告诉别人自己的企业服务业务有多好……可惜，这种做法并没有起到明显的效果，反而招致被一堆人拉黑。

正确的思路应该是：分析出最有需求、能产生购买行为的人群作为主打客户，并找到精准渠道，用引流产品进行对接。

到底哪类人群才是她的优质客户呢？

答案是：企业老板和财务负责人。

因为只有即将创业的人，才会因为不清楚注册公司的流程而耗费太多宝贵时间，耽误自身业务的开展；或者初创业者，会因为请一个专职会计的成本太高而苦恼，却不知道企业品牌是需要保护的，这样的人才需要一个专业的企业服务顾问，才需要企业服务。如果能够把这些价值塑造出来宣传给精准客户，提供大量的权威见证和客户见证，以及强大的品牌宣传，那么就会大大提高他们购买的概率。

上面的例子给了我们这样的启示：大多数人之所以不知道如何对接精准客户，是因为他们认为自己的产品适合所有人。如果你也是这样的思路，就应尽快定位出最有需求和最有购买能力的人群，不要让自己的生意越做越难。

培训同行
——方青青凭借微信90分钟收款135万

微电销女神方青青和同事们开展线下培训课程，针对同行进行微营销方面的培训，主要培训内容就是关于微营销的操作与运营，关于如何将微营销的理论应用于实际，在现实中实现成交、实操变现。他们的课程很受欢迎，业绩最好的一次，曾经在90分钟内凭借微信收款135万元。

▶ 走出微营销的五大误区

我们在做微营销之前,必须了解朋友圈营销推广的五大误区,这样才能避免掉进坑里!

1.只顾快速吸取粉丝

朋友圈粉丝不在于多,而在于精。

微营销的要点是:好的产品+好的内容+好的营销技巧+高质量的粉丝数量。

千万不要被什么"3个月内就获得100万粉丝"之类的"神话传说"洗脑,认为粉丝数量决定一切。要知道,粉丝的质量永远比数

量重要,比如你是开美容院的,有10万个粉丝,但都是40岁以上的男性,请问,你每天起早贪黑、殚精竭虑地刷朋友圈广告,会有半点效果吗?

天天加粉,天天发广告,天天被拉黑,然后再加粉,再发广告,再被拉黑……很显然,你走进了营销的死胡同!如果仍然不能反思和醒悟,那么你只会在做无用功的路上越走越远。

卖日本珠宝的微商
——朋友圈人数在精,不在多

一个卖日本珠宝的微商,朋友圈只有500人,每个月净利润却达到了30多万元。他的秘诀:只靠500多个人不断重复消费,打造强关系。

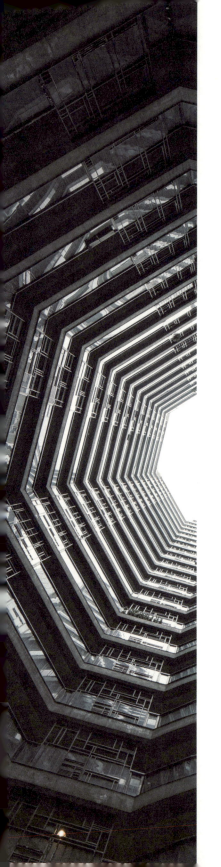

2.朋友圈刷屏式宣传

微营销的本质是"极致产品+内容为王+体验至上"。要学会用心交朋友,而不是只会用心发广告。但是所有微商特别喜欢干的一件事就是刷屏,殊不知,刷屏很多时候不仅不能促成客户消费,反而容易招致反感,甚至被屏蔽或拉黑。

在微信上卖东西和在淘宝卖东西是截然不同的,因为淘宝有一套成熟的担保机制,即使不知道背后的卖家是谁,也敢把钱掏出来塞到陌生人钱包里,而不怕对方不守诚信,因为有支付宝做担保,不满意的东西可以退换货。但是微信没有这个功能,微信是强关系的半熟朋友圈,如果想把东西卖给朋友圈里面的半熟人群,就必须打造出个人品牌,建立信任关系。对方只有相信你这个人,他才会相信你给他推荐的产品和服务。

只有让别人喜欢你,愿意相信你,你才可以把你想要卖的东西卖出去。这是先有粉丝后有产品销售,而不是先有产品销售后有粉丝。

3.只做集赞活动

只做集赞活动是很多做B2C的企业都会犯的错误。集赞这种行为有两个地方不好:第一,别人虽然会给你点赞,但他可能不会具体看你发的内容;第二,你的集赞行为可能被微信管理员发现而遭到严厉的打击。

比如,公众号只要发现1次集赞行为封号7天,不可提前解封,发现4次集赞行为,永久封号。所以从现在开始,做朋友圈营销不等于集赞行为,这一点要深入我们的骨髓,切莫为了集赞而失去经营已久的公众号。

4.大量群发消息

我们都知道,微信有一个功能叫群发助手,用起来非常便捷。只要一秒钟就可以让你的广告被所有的好友看到,但是每次群发完之后,都会有很多人把你屏蔽掉,因为别人觉得你是在骚扰他。

所以,群发助手虽然好用,但是不建

议常用，最好一个月使用不要超过一次，否则很容易因为骚扰到别人而被拉黑，甚至导致别人对你本人产生厌恶感。我们要做的是间断性地为别人提供一些好玩、有价值的东西，而不是因为群发失去别人的好感和信任。

5.微信账号前加A或0

有些所谓的培训班上会教我们，在昵称前加"A"或"0"，可以让自己的名字在别人的微信"通讯录"里排在最前面。但千万不要认为靠这种小聪明就一定能获得关注甚至一步登天。

微信是一款有温度的产品，它所营造的是一个熟人圈子，打造的是一种"信任经济"，而你发的内容也应该符合这个特性。因此，我们更应该做的是好好研究如何才能让产品和内容更有趣、更有价值，而不是一味地想着钻营取巧。

圈子里的每一个人都希望跟真诚的、积极的、有趣味的人打交道，而不是面对一台只会发广告的冰冷机器，只有始终跟随微信的步伐，用心去做一些有趣、好玩、接地气的内容，为大家创造价值，才能吸引他们与你一起互动，也才可以通过他们去扩大你的营销效果，这才是微营销最终的理念所在。

微营销的五大误区

1. 只顾快速吸取粉丝
2. 朋友圈刷屏式宣传
3. 只做集赞活动
4. 大量群发消息
5. 微信账号前加A或0

第四章

场景化营销造场

销售高阶演讲成交技能

SALES OPERATOR

码上听课

从以产品为中心的营销1.0时代、以消费者为中心的营销2.0时代到以大数据为驱动的社会化营销的3.0时代，当今的商业环境和营销手段也在产生新的变革，这给销售人员提出了新的挑战和要求。回顾这三个不同发展阶段的营销特征，场景思维和场景营销是贯穿始终的，尤其是在当今社会化营销时代，场景化营销的特征更加明显。熟练运用多种演讲技巧，玩转多种场景化营销环境，是所有销售人员进阶的必备技能，本章将从场景化营销的环境和背景出发，着重介绍演讲对于销售人员的重要性以及如何在不同营销场景中灵活运用演讲技巧，顺利达成营销目标，放大销售效果，实现销售人员销售技能质的飞跃。

第01节

演讲是所有事情的放大器

▶ 新时代催生场景化营销模式

1.何为场景思维

理解场景思维首先可以从字面意思上去看，场景=场+景。场，即为时间和空间；景，即为情景。而营销中的场景思维则可以理解为更多从用户的实际使用角度出发，将各种场景元素综合起来的一种思维方式。销售人员有一项必备能力就是"同理心"，即站在用户角度去思考问题，这其实在一定意义上和场景思维雷同。

运用场景思维，从客户实际使用的角度出发，是创造商业价值的重要方法。场景思维不单单是与客户产生共鸣，其核心目的还在于创造商业价值，说到底，场景是创造商业价值的手段和途径。所有对线上或线下场景煞费苦心的构建、设计和经营，都是为了价值的创造，为了商业利润的获取。

2.场景化营销模式赋能产品营销

随着营销从以产品为中心的1.0时代、以消费者为中心的2.0时代,步入当今以大数据为驱动的社会化营销的3.0时代,场景化营销模式也越发重要。面临当今各行各业激烈的竞争,场景化营销模式如天兵降临,将很好地赋能产品营销。

(1)解决产品同质化困境。

当前各行各业产品普遍存在同质化现象,场景思维坚持以客户为中心,准确地把握客户需求痛点,努力唤醒消费者对产品的记忆,加强产品与客户之间的情感交流和互动,激发客户心底潜在的购买欲望。可以说,场景思维犹如一把利刃,打破了诸多产品同质化的营销困境,让更多的产品插上了创新营销的翅膀。

(2)提升企业品牌影响力。

当今企业之间的竞争更大程度上是品牌之间的竞争,品牌更代表话语权和市场占有率。大数据人工智能的新时代,场景思维为企业品牌营销和宣传提供了更加开阔的舞台。场景思维有助于企业提升品牌影响力,从而为产品营销赋能。

▶ 重视演讲技能提升，布局场景化营销

演讲，对销售人员来说可以说是布局场景化营销的关键技能。学会演讲，学会一对多式的营销，可以让销售人员在自己的职业生涯中得到快速晋级的机会，同样，演讲这项技能在日常生活和工作中更是有着非常广泛的应用：当众讲话、面试、相亲、见客户、汇报工作……无处不需要沟通和演讲的技巧。

1.演讲对销售人员的重要性

演讲，对于销售人员来说是必备的"绝杀技能"，一段成功的演讲不仅能让客户看到销售人员的高水平和专业能力，还能清晰地传达产品或服务的优势，通过客户需求痛点的深度剖析，可以轻松打动客户，甚至实现客户间的转介绍。演讲对销售人员的重要性，总结起来主要体现在如下三方面。

（1）谈判是销售高手的必修课。

对销售人员而言，谈判无处不在，入职面试需要谈判，申请升职加薪需要谈判，与客户谈成交更需要谈判。成功的销售人员往往都是通过超高的谈判能力"搞定"客户的，别人约不到的客户他们能通过谈判技巧掌握先机，得到见面机会；别人谈不成的订单，他们能顺利成单……为什么他们可以成为销售高手？原因很简单，因为他们更擅长演讲，拥有超强的谈判力。

成功的销售，不仅仅是销售人员将自己的产品或服务推销出

去，还要使双方都感到有所收获，即达到双赢的结果，这也是销售人员在谈判时最希望达到的效果。

（2）说服力就是打动客户的"攻心术"。

让客户认可并接受销售人员的想法并不是一件容易的事，构成人类相互关系和影响力基础的六个原则分别是：权威性（人类会听从可信的专家），喜好（人们对所喜好之物更加肯定），社会证明（人们利用他人的例子来确认思考、感受和行动的方式），互惠性（人们感受到需要知恩图报），一致性（人们倾向于遵守公开的承诺），稀缺性（人们珍惜稀缺的事物）。

销售人员演讲能力中说服力的重要作用正是依照以上六个原则，无论是与客户单独面谈还是在公开场合介绍产品，都能够通过制造权威性、投其所好、利用社会证明、互利互惠、公开承诺和制造稀缺性这六种办法，来打动客户，说服客户，最终达成合作共识。

（3）不会演讲便无法为营销造场。

"演讲是所有事情的放大器"，销售人员要学会灵活运用演讲技巧，活跃现场气氛，为营销造势、添彩，用极具专业性、创新性的语言走入客户内心，让他们充分认可自己的服务和产品。

不会演讲，不会营造营销氛围，不会为营销造场，那么你每次的客户邀约、客户面谈都不能取得心中的理想成绩，都无法真正打动客户或直击客户需求痛点。善于演讲，善于在大型的公众活动中演讲，才可以在有限的空间和时间范围内做到营销效果最大化。

2.只要是面对三人以上的演讲就是公众演讲

知道了公众演讲对于销售人员的重要性,还要知道何为公众演讲。对此,中财捷提出了"三人以上的演讲"这样的演讲概念,即无论销售人员还是其他人群,当你面对三人以上进行演讲,就属于公众演讲。

正如综艺节目"令人心动的offer"中的求职人员争取他们喜欢的工作时一样,他们需要面对多名面试官,通过自己的讲述来展现自己的优势,以争取自己喜欢的工作,其实这整个过程就是一次公众演讲。唯有通过出色的演讲,才能将自己的信心和优势展现给在座的面试官。不难看出,节目中成功拿到自己心仪offer的选手都有着较高的演讲水平,他们可以在面对多名听众的情况下,从容不迫地展现自我、表达自我,向面试官清晰地表述自我价值。

3.演讲与面见客户的区别和联系

面见客户大多是一对一地沟通交流,而演讲则是一对多地沟通,显然其销售沟通的效率要远远高于前者。一段成功的演讲可能会带来非常丰硕的销售成果,这一点是单独与客户沟通,只获得一

家公司的订单所远远不及的。

销售人员不会演讲，未来将毫无竞争力。如果销售人员只能一对一面谈客户，他一年所能面见的客户最多不会超过500名，而若学会演讲，一场演讲就可以面对500人、1 000人甚至上万人，在多人营销场景中通过演讲介绍自己、介绍公司、介绍产品和服务，从而获得大众认可，能够取得高效的营销效果。

4.演讲伴随着销售人员的职业晋升之路

一名普通销售人员的职业晋升之路：业务员，业务主管，业务经理，业务总监……

在从一名普通的销售人员，成长为团队领头人的道路上，很多人都会遇到一些类似的阻碍：销售团队带不起来、团队会议效果差及无法激发团队潜能等。

总结起来，造成这些问题的关键原因只有一个：不会演讲=不会开会=不会带队。

演讲伴随着销售人员的整个晋升之路，唯有掌握演讲技巧，学会开会、学会在团队成员面前鼓舞士气，才能充分调动团队成员的销售热情。

第02节

中财捷打造
企业演讲文化

▶ 中财捷演讲文化的由来

1.打破阻碍演讲的屏障,促进企业演讲文化形成

2011年中财捷-金不换财务公司刚刚成立时,企业里全部都是新人,中财捷的5位创始人亲自培训团队,每天给团队做培训,分享自己的成长经历、企业的创办历程、代账行业的专业知识,以及如何签单等。中财捷的企业文化中对"分享"一词的解释就是一种"大爱",这种大爱不仅是对员工的关爱,也是对共同促进企业发展,形成企业演讲文化的热切期盼。

2014年中财捷-金不换财务公司人数已达到70人(广州总部),此时面对逐渐壮大起来的团队,公司需要考虑更多,需要为员工提供更大的舞台和更多的机会。

为此,受当年比较火爆的两个综艺节目《中国好声音》和《超

级演讲家》的启发，中财捷决定举办自己公司的"我是演讲家"演讲比赛，为员工提供更多的演讲机会和更大的演讲平台。

但是，这个活动推出之初，却受到了很多人的质疑。后来经过了解和分析发现，反对的原因主要是员工不知道该讲什么、怎么去讲，他们在面对公众做演讲时不仅常常抓不住重点，而且缺乏自信，不知道怎样去推销自己、推销企业产品和服务。

以上这些原因，是阻碍销售人员演讲的主要因素，这也再次印证了形成企业演讲文化的重要性和必然趋势。唯有让员工在一个演讲氛围活跃的环境中成长，才能逐渐养成演讲习惯，练就高超的演讲技能。

2.中财捷四季演讲比赛中成功蜕变的故事

中财捷的演讲比赛共举办了四季，每一季的比赛都向员工呈现了精彩的内容，让员工获得了很多演讲经验和销售经验，

使企业演讲文化更好地在员工之间传播,并深深扎根于每一名员工的内心。

(1)演讲比赛是传递梦想的"信鸽"。

中财捷举办的四季演讲比赛中,每一季都涌现出了很多优秀的演讲人才,也让中财捷的每一名成员都深深感受到了企业的演讲文化氛围,聆听到了中财捷人对梦想的诉说。与其说中财捷的演讲比赛是一次演讲技能的竞技,不如说每一次的精彩演讲都是梦想的传递,将美好的梦想传递给团队中的每一名成员。

(2)一位普通员工的成功蜕变。

她,因一场演讲比赛改变命运,立志成为演讲家;

她,跟随亚洲首席演讲家梁凯恩老师学习演讲,开创"提升表达能力""演讲创造奇迹"等演讲课程;

她,是90后超级演讲家,站在拥有千人观众的舞台上,巡回演讲20多个城市;

她,组建"人生职场演讲俱乐部",培养100多名演讲小白站上千人舞台。

她就是中财捷"奇迹梦工场"的总经理——杨柳敏,一个企业演讲中成功蜕变的中财捷人!

她的蜕变故事,在中财捷的演讲竞赛中被广泛传播,是众多80后、90后销售人的学习榜样,她的蜕变故事告诉我们所有销售人员:成功是需要拼搏的,演讲是销售人通往成功的垫脚石。

(3)演讲比赛促成多企业间合作互动。

中财捷的演讲比赛,让每一名员工都有了销售演讲能力上的提升,很多人从胆怯于在公众面前说话,到可以从容面对一百人、一千人甚至上万人演讲,所以他们更不会害怕面见客户、电话营销等一些列销售活动,独当一面已经成为中财捷演讲文化下人人具备的素质之一。

通过四季演讲比赛,中财捷也开启了和多家公司的合作互动,比如邀请客户参加中财捷的周年庆活动、财税沙龙活动、企业家高峰论坛及奇迹梦工场等,通过多种企业活动的参与,更多的客户更加深入了解了中财捷的企业文化和专业能力,也为企业获得更加精准的客户群体打下基础,让营销更有针对性,并提高了销售成单率。

▶ 灵活运用演讲技巧，玩转多种营销场景

快速发展的市场经济环境，需要销售人员抓住每一个实现产品营销的机会。一次成功的自我介绍，是对自己的成功营销；一次精彩的会销现场演讲，是对产品的成功营销；一次培训，甚至是面试人才……这些其实都是广义上的营销过程。通过高超的演讲技艺，成功将自己、将产品、将企业品牌营销出去，是成为销售高手的必经之路。

掌握一套成熟的即兴演讲公式，灵活运用演讲技巧，则能够帮助销售人员快速进入不同的演讲角色，开启火爆现场模式，玩转多种营销场景。

1.初入公司，运用演讲技巧做好自我介绍

公式：问好+介绍+感谢+希望

此即兴演讲公式主要适用于新人在公司和部门做自我介绍。这类场景较为常见，比如可以这么介绍：各位领导、各位同事大家好，我是×××，来自广东×××，非常感谢公司能够给我这个机会，加入×××（公司名）这个大家庭，我希望并且相信在我的努力和大家的帮助下，一定能够快速地适应工作环境，为公司创造更大的价值。

2.会销现场做好即兴演讲

公式：感谢+回顾+祝福

会议营销（会销）的实质是对目标顾客的锁定和开发，对顾客全方位输出企业形象和产品知识，以专家顾问的身份对意向顾客进行关怀和隐藏式销售。那么无论是在企业内部还是外部的会销现场，销售人员一段精彩的演讲都无疑会为企业品牌形象添色不少，更能大大提高成交的概率，因此会销现场销售人员要学会灵活运用即兴演讲公式。

销售人员应邀参加公司内部或外部的会销活动，级别较高的还可能作为客户代表做简短发言。应用公式可以这样展开：各位领导、各位朋友大家好，很高兴能参加×××公司的会销活动并发表感言。很荣幸多年来见证了×××公司的一路成长，非常感谢×××公司多年来对我公司的关心和支持。在此，我衷心祝愿×××公司扬帆启程，再创辉煌，接下来请给我几分钟时间，为×××公司做简短介绍。

3.企业培训、面试过程中的演讲技巧

公式：报告结果+亮点经验+问题分析+未来规划

从初入公司的销售小白，到逐步晋升为销售部门或者是其他部门的领导者，成为部门的负责人后都会有培训员工和面试人才的时候。精彩的培训和高质量的人才面试筛选都需要灵活运用演讲公式，尤其是在做企业内部培训时，还需要制作精美的PPT将演讲内容以数据化

的图文形式呈现，正文可以大体分为如下五个部分。

工作业绩。取得了哪些成果、销售进度如何、款项回收情况、团队建设情况等，最好多用图表展示。

亮点经验。概括总结部门工作的先进经验、亮点举措，分析是否值得日后推广。

问题分析。总结部门或个人自身存在的问题和不足，并指出存在问题的原因。

未来规划。未来规划包括新一年的计划目标、营销策略和具体举措三部分。

最终小结。展望新的一年，表达决心和期望。

4.建立企业演讲文化，人人都是会讲品牌故事的营销者

销售人员所能接触的人数毕竟有限，唯有拥有超强的沟通能

力、表达能力和说服力，才可能和更多的人沟通，才可能发现并发展更多的潜在客户。

演讲能力是销售人员的工作基础，也是成为领导者的必备技能，企业要想拥有自己的培训团队和培训体系，就需要领导者学会给团队开会，学会在公众演讲中提升自信。

建立企业的演讲文化，让每一个人都能在良好的演讲氛围中找到自己的"演讲舞台"，最终把自己打造成会讲品牌故事的营销者。

销售人员作为企业品牌的代言人，要善于利用企业品牌故事来扩大营销效果。因此，企业品牌需要一个会讲故事的人。盘点世界上诸多知名品牌，背后都有许多让人印象深刻的品牌故事，而这些故事之所以被广泛流传，正是因为其背后有着无数的品牌故事讲述人——优秀的品牌故事演讲者。

第03节

销售人员从零开始学演讲

你真的会"说话"吗？可曾有过因为不会"说话"而错失的机会？是否因为不会"说话"而错失商业合作良机……从商业运营的场景思维模式回归到销售人员的业务技能本领，优秀的演讲能力无疑是销售人员的硬功夫，演讲能力才是销售人员打开成功大门的"开门锁"。关于提高销售业务技能，练就"出口"成交新本领，本节将重点从如下几个方面为大家做详细阐述。

▶ 学会做自我介绍

1.自我介绍的四大关键要领

自我介绍在升学、求职面试和商业活动中都较为常见。自我介绍往往是一切沟通的开始，对于销售人员来说，自我介绍要把握如下四大关键要领。

（1）问好，并让对方记住你的名字。

问好是同客户建立感情链接的第一步，问好的同时一定要让对方记住你的名字，也就是要将自己先营销出去。如何让人一下子记住你的名字呢？比如可以对自己的名字进行一个简单的含义解释，可以借用名人的名字阐释，也可以引用诗文、名言警句等，给自己的名字增光添彩，在自我介绍中让人记住。

（2）感谢，并能体现一定的个性风采。

对客户表示感谢是对人最起码的尊重，同时也要能体现自己的个性风采。自我介绍主要涵盖个人基本信息、工作求学成长经历、对公司品牌的理解和业务优势介绍等，可以体现出一定的个人风格、个性魅力，或严谨求实，或幽默风趣，或文采飞扬，或展示个人的雄心壮志、敬业精神，不一而足。

（3）自我介绍要简明扼要、亮点突出。

销售是企业的形象代言人，搭建的是企业与客户之间沟通的桥梁。在对外行业峰会论坛、项目招投标、商业活动洽谈等场景中做自我介绍时，一定要简明扼要地介绍公司大体情况，侧重介绍本单位的主要亮点即可。比如公司的主营业务、公司在行业中的地位、主要品牌或产品、未来发展趋势方向等。销售人员可以在企业宣传册、官网、视频短片等宣传资料基础上，自行提炼几条核心要点，学会用自己的话来简要阐述。

（4）送上祝福，表达愿景要谦逊有礼。

自我介绍过程一定要贯穿基本的商务礼仪。比如开头的称呼和礼貌问好，或结尾处的祝福和愿景的表达等，都要体现出谦逊有礼，且最好能体现销售人员一定的情怀。比如，某环卫机械公司的销售人员，可以在自我介绍中表达这样的心愿：愿我们携手与共，让金山银山更加美丽，绿色家园城市空间更加美好，城乡生活更加和谐有序。

2.自我介绍的五种高效方式

在自我介绍的具体操作方式上，有如下五种高效方式值得参考和借鉴。这里将自我介绍的范围拓宽到企业、政府机关、学校、社会组织等单位的不同场合。

（1）开门见山型。

开门见山型是最常见的一种自我介绍方式。主要用于较为正式的公众场合，比如新闻发布会、企业新员工入职自我介绍、商务洽谈会、大型会议嘉宾的自我介绍等。这种方式通常较为简单明了，一目了然。一般来说，其基本结构为：个人基本信息+相关工作经历+感谢祝福。

（2）数字概括型。

数字概括型是一种较具有新意和逻辑性的自我介绍方式。这种方式通常给人以容易记忆、耳目一新的感觉，也容易给人以启发和思考。销售人员在自我介绍时，其实也可以借鉴这种独特的方式，给自己贴上数字化的标签，让客户印象深刻，更能快速捕捉到你的优势和特征。比如说，介绍自己有三个性格特征、四个鲜明的标签等类似的说法。

（3）创意反转型。

创意反转型是较具有个性风采的一种自我介绍方式，这种方式较新颖，比较容易给人留下深刻的印象，主要适用于公司大会或者是带有娱乐性的活动等相关场景，销售人员可以在参加一些非正式的活动时使用这种自我介绍方式，给人以亲切感，更会给在场的客户留下深刻印象。

（4）标签提炼讲述型。

标签提炼讲述型是当今信息碎片化时代的一种集中展示个人优势和特征的自我介绍方式，它能抓住关键词，更好地与目标人群和受众交流互动，常见于互联网、新媒体类企业的在线（课程、微信群等场景）自我介绍。

> 比如支付宝知识课堂项目负责人蒋耶娄的自我介绍：
>
> 【我希望大家叫我】耶娄
>
> 【我的坐标】浙江省杭州市
>
> 【我的三个标签】非典型工科硕士，伪学习爱好者，互联网运营
>
> 【我的职业标签】喜马拉雅培训事业部前总监、网易云音乐资深产品经理、支付宝内容运营专家
>
> 【我的经验】操盘策划过十几种百万级别知识付费产

> 品，其中"时间管理十堂课"累计销售额过千万，深耕个人成长和商业财经领域；现为支付宝知识课堂项目负责人，一个月内完成20万人次付费订阅。

蒋耶娄的自我介绍亮点突出，精确地提炼出了自己的标签定位，让客户很容易捕捉到他的优势，并且会留下深刻的印象。

（5）价值凸显型。

价值凸显型是一种互联网思维下的自我介绍方式，它从客户的角度来进行有针对性的自我营销。其内容通常包括三个组成部分：我是谁，我能带来什么价值，我的价值能给你带来什么帮助。这种方式简明扼要，值得互联网时代的我们借鉴。

▶ 一定要记住的十种与客户沟通话术

话术1 应用情景：客户说价格能否再便宜一点

销售错误回答方式一：价格好商量。

销售错误回答方式二：我们公司是大品牌不还价。

正确回答示范：买东西我们除了要看价格，最重要的还是要考虑它产生的价值，您说对吧？首先要选择一家专业和放心的公司合作，这才是我们目前最需要考虑的问题，要不我先给您介绍一下我们公司吧。我给您介绍一些适合您的产品。

沟通策略：不要让客户陷入还价的思维里，引导客户将选择的重点放在一家公司的专业度和价值层面，同时引导客户跟着你的思维走。

话术2 应用情景：销售人员给客户打电话时

销售错误回答方式一：喂！您好，请问是李总吗？

销售错误回答方式二：不好意思，可以耽误您两分钟时间吗？

正确回答示范：喂！李总，我是中财捷-金不换财务公司的小金，上次给您打过电话的呀，现在您公司财务方面找到人做了吗？

沟通策略：这是一个快节奏的时代，沟通要讲究快速和有效，可以直接跟客户讲明你是谁，你是干什么的，你打电话的目的。

话术3 应用情景：客户说从来没听过你的公司时

销售错误回答方式一：我们这么大的品牌你以前都没有听过吗？

销售错误回答方式二：我们这是新品牌，刚开始进入市场。

销售错误回答方式三：您也许对我们这个行业了解得比较少吧？

正确回答示范：那您是什么时候开始注意我们的品牌的？

沟通策略：反客为主，直入核心。不要让客户有过多的时间继续追问该问题，把客户的注意力转向另外一个问题。

话术4 应用情景：客户说请不要再给他打电话时

销售错误回答方式一：不好意思，打扰您了！

销售错误回答方式二：对不起，那我下次不再给您打电话了！

正确回答示范：好的，明白您的意思，但是请再给我们一次沟通的机会，您看您什么时候有时间，我可以再致电给您，或者您给我一次跟您当面说明的机会可以吗？

沟通策略：就算被拒绝，也要争取一次见面的机会，或下次致电的机会，毕竟面对自己心目中重要的客户，一通拒绝的电话难以让我们放弃，所以表述的时候要做到认同客户的拒绝，给出约见的原因，并且要表明跟踪的决心。

话术5 应用情景：客户问你公司的后期服务如何时

销售错误回答方式一：我们很专业的，我们服务很好的。

销售错误回答方式二：没问题啊，我们都是一条龙服务。

沟通策略：无论如何先肯定客户的要求，表明可以满足用户的服务需求，与此同时要详细告知客户我们可以提供的具体服务内容，并反问客户需要的重点服务内容，最后表明自己的服务态度。

话术6 应用情景：客户说你们好多人跟我联系过了

销售错误回答方式一：那我以后不联系您了。

销售错误回答方式二：是哪些人正在跟您联系啊？

正确回答示范：这么多人跟您联系过了，那我就结合之前跟您联系的情况，帮您做一个专业、详细的方案，这样您也能有一个更好的选择。

沟通策略：正向引导客户，说明多次联系的目的和益处，并跟客户强调公司服务的专业性，表明希望能与其达成交易的信心和决心。

话术7 应用情景：客户说需要跟公司股东商量时

销售错误回答方式一：不需要商量了，选我们就对了。

销售错误回答方式二：这个产品就很适合你。

沟通策略：想办法了解客户与股东的商量方向，根据客户的疑问点阐述自己企业产品的特点，并讲明公司产品与其需求的符合程度。

话术8 应用情景：当客户说先随便看看时

销售错误回答方式一：好的，您先看看。

销售错误回答方式二：嗯，有什么不懂的喊我。

正确回答示范：对的，买东西就是要多看看，不过为了节省时间，我给您推荐几款我们店里的爆品，您可以重点看一下哦！

沟通策略：认同+利他+引导行为，首先要表示出对客户说法的认同，然后再从为对方节省时间的角度出发，说出为客户推荐产品的理由，从而引导客户的消费行为。

话术9 应用情景：客户说最低多少钱时

销售错误回答方式一：这就是最低的价格了。

销售错误回答方式二：不能再低了啊。

正确回答示范：既然您问到了最低的价格，那么肯定诚心买，最低多少您满意，您能满意我能卖，咱们才能好好谈下去嘛。

沟通策略：与客户沟通时，应预先设置一个有利于沟通的"框式"，即应用"预先框式法"，做好产品铺垫，切忌一下子就亮出自己的底牌。

话术10 应用情景：客户问如何选择比较好时

销售错误回答方式一：我觉得套餐一比较好。

销售错误回答方式二：我觉得价格高的套餐比较好。

销售错误回答方式三：我觉得两个都很好啊！

沟通策略：回忆+介绍+选择，回忆整个沟通过程中客户提到的需求痛点，介绍自己公司产品的优势特点，适时回到原点。客户购买这个产品想要解决什么问题，就为客户推荐可以解决该问题的产品。

10种与客户沟通话术

1. 客户说价格能否再便宜一点
2. 销售人员给客户打电话时
3. 客户说从来没听过你的公司时
4. 客户说请不要再给他打电话时
5. 客户问你公司的后期服务如何时
6. 客户说你们好多人跟我联系过了
7. 客户说需要跟公司股东商量时
8. 当客户说先随便看看时
9. 客户说最低多少钱时
10. 客户问如何选择比较好时

▶ 掌握四条表达公式，让客户更懂你

销售人员想要日常更有效率地与客户沟通，需要表达时有一定的逻辑，并能应用最恰当的方法。如下四条表达公式，将让客户更懂你。

1.总分总式

总分总式较为普遍和常见，一般可用于日常工作总结、销售方案沟通、销售工作汇报等场景，是一种结论（表达主题）—要点（结论案例）—总结（结论强调）的逻辑思路。比如中财捷-金不换财务公司的"新时代之下会计这么培养"课程中有一条结论是：一个会计可以完成维护300家客户的工作量。其要点是，从会计实习生到会计主管，都要有清晰的工作流程，分工及晋升标准明确。

有人说，演讲要做到：凤头、猪肚、豹尾。演讲的开头要引人入胜，如同凤头一样精美绝伦；中间要言之有物，如同猪肚一样充实丰满；结尾要耐人寻味，如同豹尾一样雄劲潇洒。总分总式也是如此，好的总分总式就可以达到如上效果。

2.SCQA故事式

SCQA模型是一个"结构化表达"工具，是麦肯锡咨询顾问芭芭拉·明托在《金字塔原理》中提出的。其四部分如下所示。

第四章 场景化营销造场——销售高阶演讲成交技能 | 139

▶ **情景**
Situation
表达时间的背景说明

▶ **冲突**
Conflict
在这个背景之下产生哪些矛盾冲突

▶ **疑问**
Question
这个矛盾要如何解决

▶ **回答**
Answer
最后给出答案

> 如下我们就2021年一汽大众2月底开始的奥迪汽车召回事件用SCQA故事式进行举例说明。
>
> 情景（Situation）：自2021年2月26日起，一汽大众开始召回部分国产奥迪A6L、部分进口奥迪A6 Avant、国产奥迪Q3这3款车型，共计12.48万辆。
>
> 冲突（Conflict）：12.48万辆车的车主并没有得到补偿，也没有得到误工费。车辆召回影响工作和生活，给他们带来了诸多不便。
>
> 疑问（Question）：2.0 T发动机存在缺陷，构成安全隐患，可能发生故障，导致发动机运转不平稳，极端情况下发动机可能停止运转。
>
> 回答（Answer）：一汽大众提供解决方案，免费对此次召回的车辆的发动机控制单元软件进行升级，从而消除安全隐患。

SCQA模型并非一成不变。如同高明的编剧或导演为了剧情需要，总是会制造某些情节一样，SCQA模型也会存在某些变式。

（1）ASCQ单刀直入式。

遵循回答（Answer）—情景（Situation）—冲突（Conflict）—疑问（Question）的结构。首先把解决方案这一结果摆在消费者面前，然后再详细交代相关场景和冲突，以及疑问。比如上述大众汽车案例中，可以首先叙述一汽大众拟召回车辆，免费对发动机控制单元软件进行升级，以消除安全隐患。然后再交代具体实施时间从2月26日开始，针对三款车型，共召回12.48万辆车。接下来交代这一事件导致的矛盾冲突，最后说明疑问，是因为发动机存在缺陷。

（2）CSAQ冲突倒置式。

遵循冲突（Conflict）—情景（Situation）—回答（Answer）—疑问（Question）的结构。通常把矛盾冲突先摆出来，吸引吃瓜群众的眼球，然后再交代相关情景、解决方案和疑问解释。比如上述大众汽车案例中，首先叙述一汽大众召回车辆给消费者带来了诸多不便，车主们工作生活都受到影响，同时也没有补偿，基本上是免费被召回。然后是情景描述，2月26日开始，针对三款车型召回12.48万辆车。接着是解决方案和疑问解答。

（3）QSCA悬疑引入式。

遵循疑问（Question）—情景（Situation）—冲突（Conflict）—回答（Answer）的结构。像侦探悬疑故事一样，先把产生疑问的相关问题抛出来，然后再抽丝剥茧细细道来，避免沟通过程过于枯燥和平淡。比如上述大众汽车案例中，首先叙述一汽大众旗下三款车型发动机存在安全隐患，然后再交代相关情况，引发一系列矛盾冲突，最后说明是如何解决的。

3.电梯演讲式

麦肯锡认为，一般情况下人们最多记得住一二三，记不住四五六，所以凡事要归纳在三条以内。这就是如今在商界流传甚广的"30秒钟电梯理论"或称"电梯演讲"。"电梯演讲"起源于麦肯锡和客户的一次项目汇报会。客户因为临时有事要离开，临走的时候，客户对麦肯锡的项目负责人说："这样吧，你在电梯里简要和我说明一下情况。"结果遗憾的是，该负责人没有在30秒内将该项目说清楚。通常完成一次电梯演讲，只需要三个步骤。

吸引注意力。在当今快节奏的商界中，用简短的一句话讲清楚项目或产品的亮点和卖点，直击客户需求痛点，吸引客户注意力，不去观注太多细枝末节，只抓干货。

给出价值体现。无论是一个产品演示，一个销售方案，或者是个人的履历介绍，介绍你能够给对方带来什么价值，让对方意识到你的价值所在。

建立联系方式。如同你在现场演讲，在PPT最后一页，告诉听众如何能联系到你，比如放一张你的公司名片，方便日后洽谈合作。

4.RIDE说服式

RIDE说服式常用于说服对方，比如销售人员说服客户采用自己的方案，工作中上下级之间方案的沟通等，都可用这种表达方式。

▶ **R(风险)** Risk
不采纳你的建议会带来什么风险

▶ **I(利益)** Interest
接受你的建议会带来什么利益

▶ **D(差异)** Differences
你的建议和其他人有什么不同

▶ **E(影响)** Effect
说明你的方案中可能存在不足，让别人更加认可你

利用RIDE说服式劝说同事莫轻易离职

岁末年初离职高峰期，单位效益尚可，工作一向稳定的大华也动了心思，忍不住投了几份简历，偷偷出去面试了两家，但还未果。这时候大华的好朋友兼同事老李就劝大华不要轻易离职。老李的劝说正是利用了RIDE说服式。

R（Risk）风险：凡事要稳妥。明确拿到新公司入职通知书后再做决定，不要一时冲动，原工作丢了，新工作又没搞定，现在走风险太大。

I（Interest）利益：现在年终奖还没发，不要走。你向来表现不错，和领导沟通一下，按照流程申

请加薪,可能性还是有的。

D(Differences)差异:到一个新公司去还要磨合,各种人际关系,各种不确定性。还是在咱们公司比较熟悉,大家都认可你,你走了情感上也舍不得。

E(Effect)影响:现在我们这里可能晋升慢了点,但是公司长期来看还是不错的,高层在筹划上市,将来核心员工还会持股。

经过如上权衡利弊的分析,大华打消了离职的念头,安心工作,并且在工作岗位上取得了不错的成绩。

▶ 熟练运用"出口"成交的"885法则"

沟通能力是销售工作的硬功夫和核心技能,掌握沟通技巧不仅让销售人员在与客户沟通的过程中,能够获得客户信任,为达成销售打下基础,甚至可能达到"出口"成交的效果。这里总结了"出口"成交的"885法则",包括和客户沟通的8个技巧、开会环节需要注意的8个方面和微信沟通的5个技巧。

1.客户沟通8个技巧,磨炼"出口"成交新技法

销售人员与客户沟通时要注意相关细节和技巧,如下8点需要知道。

(1)**不要随意称呼对方**。

销售过程中尊重无疑是第一位的,对客户的尊重首先体现在称呼称谓上。不管对方是男士还是女士,都不要随意称呼对方。因为

称呼代表着身份地位，代表着两个人之间关系的亲疏冷热，工作与生活也有边界和界限。同时，不随意称呼对方，也是个人涵养修为的体现，同时还代表着所在公司的企业文化和形象。

（2）不要忽略客户身边的人。

本着爱屋及乌的原则和尊重客户的原则，在出席宴饮、商务洽谈等活动时，不要忽略客户身边的人，应该一视同仁，这既体现出对客户的尊重，也照顾到客户同伴的感受，体现了销售人员的礼貌和修养，如果沟通顺畅，说不定客户的同伴日后也会为你带来客户。因此，不可冷落客户身边的人。

（3）饱含诚意地和对方握手。

握手也是基本商务礼仪，不能随意敷衍。握手要饱含诚意，时间控制在3秒左右。握手的标准方式：行至距握手对象1米处，双腿立正，上身略向前倾，伸出右手，四指并拢，拇指张开与对方相握，握手时用力适度，上下稍晃动三四次，随即松开手，恢复原状。与人握手，神态要专注，表情要热情、友好、自然，要面含笑容，目视对方双眼，同时问候对方。

（4）穿着打扮不能太随意。

无论是男士还是女士，在接待客户时，都不能穿着太随意。衣着打扮体现的是个人修养，也体现出对客户的尊重程度。男士要着正装，西服领带是标配；女士可穿工作装，化淡妆。总体来看，需要着装得体大方，谦逊有礼。

（5）选择餐点时价格要适中。

太低廉的餐饮降低客户档次，客户体验差，影响客户对公司的印象，如果选择价位太高的则会增加公司的开销和成本。因此，选择餐点时价格适中即可。可以多参考以往客户对就餐商家的评价情况，尽量选择优质商家，给客户提供良好的就餐环境。

（6）不要耽搁客户的时间。

快节奏的社会环境下，沟通也要讲究效率，这会给客户留下更好的印象。一旦耽误客户时间，则容易影响客户对销售人员的认可，不利于销售成交。

（7）不要在客户面前夸夸其谈。

销售过程中不能一直沉默，但也不能夸夸其谈。后者容易给人工作不够踏实，为人不够稳重的印象。应在谈话中善于抓重点、抓关键，点到为止。话可以不多，但要真诚，说到点子上。

（8）不要随意与客户攀关系。

商务活动是一项正式且严谨的工作，销售过程中比拼的是专业精神和优质的服务，不要随意攀关系，不能将个人关系用在工作中。

2.让"出口"成交可复制，复盘开会需要注意的8个方面

开会是销售人员工作中必不可少的组成部分，复盘开会要以效率为核心，重在解决问题，如下8个方面值得注意。

（1）明确复盘的具体方向。

复盘是围棋术语，复盘就是每次博弈结束以后，双方棋手把刚才的对局再重复一遍，这样可以有效地加深对这次对弈的印象，也

可以找出双方攻守的漏洞，是提高自己水平的好方法。销售人员也需要有复盘的好习惯，复盘开会也应该有明确的方向和主题，有的放矢，而不应漫无边际地浪费时间。

（2）避免过多的指责。

坚持对事不对人的原则，寻找工作中的不足和问题，理性客观地看待各种缺陷。要本着认真负责的态度，不宜苛责，避免过多的指责。

（3）避免过多的抱怨。

态度决定一切。不论是在公司还是对客户，都要保持平和心态，以发展、包容的眼光看问题，不宜抱怨。与其抱怨，不如将心思放在解决问题上，集中精力研究办法，制订方案，改变不良现状。

（4）提出实质性的建议。

指责抱怨于事无补，不如想办法避免和解决问题。销售人员身处市场一线，熟悉市场业务和客户情况，可以提出实质性的意见和建议，帮助公司改进工作，提高效率。

（5）制定清晰的会议规则。

销售会议容易陷入扯皮，问题也较为零散，应当制定明晰的会议规则，比如会议时间、召开频率、每个代表发言时间、决策机制等，力求提高会议的质量和效率。

（6）新人要多多发言表达。

要鼓励新人多多发言交流，虚心学习，多加思考，加快个人成长进步。

（7）多举出实际的案例。

复盘开会时可以多列举一些销售工作中的实际案例，从实际案例中总结经验，既能让销售人员有切身的体验，又能以现身说法的方式让案例中的经验更有说服力。

（8）规范相对应的流程。

本着规范管理、提高效率的原则，会议也要规范相对应的流程。在明确主题的前提下，制定科学的会议议程。

干货分享：销售早会流程图

1

第一步
激情：调动氛围和状态

早会由激情响亮的公司口号开始，可再选择唱司歌、跳舞、集体游戏调动现场氛围和员工状态。

2

第二步
分享：下单、签单之星

成功的成交案例，最有参考价值，可增强大家的签单信心；所有人以上舞台分享为荣，同时还可锻炼舞台表现力；大家通过提问、学习和讨论销售经验，提升自己的销售技能。

3

第三步
总结：昨天工作的回顾、总结

主持人分享或邀请经理分享总结昨天大家工作的状态及成果；总结做得好的方面以及需改善的点。

4

第四步
检视：个人目标、团队目标

用3分钟时间让团队成员做个人总结，回顾个人目标完成情况，看是否与计划一致；做好成果、成长分享，并制定下一步工作目标。

5

第五步

目标：明确当天目标，做好计划

统一标准，明确目标，确定工作计划，提高工作效率；制定个人、团队目标，明确执行方案，强化执行力。

6

第六步

团队：不断强调团队价值观、荣誉感

公司的价值观需要时常渗透；主持人分享或邀请经理分享企业文化、冲刺活动、团队荣誉，以加强销售团队的冲劲，增强目标感。

7

第七步

激励：即将进入工作，拿出最好的状态去迎接

以激励人心的口号结束会议，录制喊口号视频发到工作群内做分享。

3.成就"出口"成交新工具，微信沟通5个技巧

微信2011年诞生，至今已经有十年时间，也已逐渐成为销售人员与客户沟通的重要工具。熟练掌握微信沟通5个技巧，让销售在与客户的沟通中更加得心应手。

（1）使用【】符号标注重点。

信息碎片化时代，沟通更要注重效率。微信沟通中要多使用【】标注重点，达到清晰、集中的效果，更有利于问题的解决。

（2）及时保存重要信息。

工作中的重要信息，要养成及时保存的习惯，可以保存在手机上，也可保存在电脑上，专门建立文件夹，分门别类，便于查找和管理。

（3）避免频繁发送语音。

语音是方便自己，但不方便别人的沟通方式，因此建议多一些文字，让别人更方便清晰地看到你的信息，频繁发送语音也容易干扰他人工作。

（4）群内沟通，避免插话与闲聊。

微信工作群中，也要保持良好的秩序。不发与工作无关的信息，不插话和闲聊，一切以工作为中心。

（5）工作群内，多用@功能。

工作群内，要注意保持互动。针对个别同事或领导发送的信息，要多用@功能，以示提醒，这样也有助于提高沟通效率。

微信沟通
5个技巧

1. 使用【】符号标注重点
2. 及时保存重要信息
3. 避免频繁发送语音
4. 群内沟通，避免插话与闲聊
5. 工作群内，多用@功能

| 第五章 |

成交利器

中财捷营销成功秘籍

SALES
OPERATOR

码上听课

本章重点介绍中财捷-金不换财务公司新型销售人员的基本素质，中财捷-金不换财务公司营销的六大关键，电销必备工具单、微营销及面谈客户必备工具单以及销售专业技能训练整体解决方案工具单等销售人的成交利器。手把手教你如何将电销、微营销以及场景化营销的销售技能进行实操落地。

第 01 节

中财捷新型销售人的基本素质

▶ **良好的心理素质**

1. 承压能力

销售人员肩上扛着艰巨的销售任务，面对的很可能是主管经理一次接一次的催促，迎面而来的却是客户的冷漠或拒绝。面对困难，一些人感到迷茫和沮丧，或自我放弃，或消极工作，结果自然是离成功越来越远。因此，摆正位置，端正心态，直面压力、迎接挑战是每一名销售人员，尤其是刚走出校门迈上工作岗位的年轻人应具备的素质。

心理素质

2.分析能力

销售人员要具备对市场机会的敏锐分析能力,学会发现市场机会,适时开拓新的市场,如此方能在与竞品的竞争中脱颖而出。

3.沟通能力

实践告诉我们,销售中的许多问题都是因沟通不畅造成的。把自己的观念、信念、方案、方法推销给上级、下级和客户是销售人员最重要的能力之一。而良好的沟通能力则是赢得他人支持的最好方法。

中财捷销售人的做法
—— 事前"自问自答"

与其自我鼓励,不如"自问自答"。大多数的培训课程,都告诉你要相信自己,你能拿单,你能赢得谈判。这种自我暗示能在一定程度上提升你的自信心,但很难带来更多的帮助。"自问自答"能带来的帮助就多了,不仅可以提升你的情绪,还能启发你找到实现目标的更多方法。

看看中财捷销售人的做法你就明白这两者的区别了。与客户沟通之前,如果你会对自己说:"我一定能拿下这个订单。"这就是自我鼓励。如果你问自己几个问题,比如:"我凭什么能拿下这个客户呢?怎样才能给客户提供更好的服务呢？"

多问几个这样的问题之后，你可能就会想得更全面，比如：你要用可靠的产品和服务来赢得客户对你的信任，你要想办法和客户建立良好的关系，要积极做好妥善解决售后问题的准备。这就是自问自答。

▶ 强大的适应力和学习力

1.适应能力

从企业的内部环境来说，营销人员首先要能够适应公司，适应公司的企业文化、运营理念、营销方针、人文环境等。从企业的外部环境来讲，营销人员还应该适应市场需要、适应经销商的需求、适应当地的风土人情等。销售人员只有适应了营销职业、营销生活、企业的内外部环境，才能更好地给自己准确定位，找到适合自己的发展方向。

中财捷销售人员的"乐观解释风格"

所谓"乐观解释风格"，就是指坏事发生的时候，你要明白拒绝和失败只是暂时的，而不是永久的。这一切都不是你的错，而是环境、运气或者其他人为原因造成的后果。

发明大王爱迪生曾经发明了一种专门给投票计数的机器。他打算卖给国会,结果国会拒绝了他。对于这次失败,爱迪生是这样解释的:"作为技术人员,我没毛病,是国会不识货,一定会有地方需要这台机器。"

果然,在改装之后,纽约股票交易所买下了这台机器,这也成为爱迪生人生中的第一个专利产品。

所以,今后如果再有坏事发生的时候,你先别沮丧,不如问问自己:从哪些方面可以看到这件事的积极性呢?要秉承这样的信念:凡事发生必有利于我!这样可以帮你厘清问题的本质,看到机会和希望。

2.学习能力

销售人员要更快地成长,就必须具备学习的能力。包括学习国家的方针政策、经济法规、经济政策,从"战略"方面武装自己。更要学习经营管理学、营销学、心理学、公关学等知识,完善自己的知识结构,达到从专才、通才到复合型人才的转变。

3.领悟能力

任何具有一定市场营销实战经验的人,都懂得"悟性"的重要性。优秀的销售人员能够洞察机会,分析问题,从而利用机会,为销量"锦上添花";或是把问题变成提升销量的机会。有的销售人员面对问题不知所措,总是让机会从身边白白溜走,此时就需要通过提高个人领悟能力,来准确判断利用问题可创造哪些机会,让机会变成财富。

4.应变能力

时代和市场永远在变,销售人员的思路和方法必须跟着变。这要求每一位销售人员都应做到头脑清晰,就是指能在纷杂的信息中,找到关键信号,传达出去,这对销售人员来说非常重要。

中财捷销售人耳熟能详的故事
——找到关键信号,传达出去

在广告行业,有一个非常出名的故事,也是每一个中财捷销售人记在心里的故事。某一天,美国广告巨头瑞夫斯和同事在纽约中央公园吃午饭,遇到了一个乞讨者。这个人讨钱用的杯子里只有几个硬币,杯子边上立着一块牌子,上面写着"我是盲人"。

瑞夫斯就和同事打赌说,只要给那块牌子上添几个字,杯子里的钱就能立刻多起来。果真,瑞夫斯在牌子上加了几个字之后,越来越多的路人向盲人的杯子里扔硬币,还有人专门停下脚步和盲人交谈,甚至有人还从钱包里抽出纸币塞给盲人。

瑞夫斯到底在牌子上加了什么字,带来了这么大的改变呢?其实他只加上了几个字,变成了完整的一句话:"春天来了,而我是盲人。"这句话用鲜明的对比,触动了人们的心。

耳熟能详

5.创新能力

市场形势千变万化，而营销模式却日趋雷同，销售人员要想在市场上立于不败之地，那就必须具有创新能力，使自己的产品、渠道、思路、策略等能够个性张扬，脱颖而出。

中财捷销售人的做法
——"透露微量的负面信息"

有一种对比框架，能够有效地帮助你把关键信息凸显出来，叫作"透露微量的负面信息"。

微量的负面信息就是指你可以适当地表达一些不好的信息，这样不但无害，反而会提高说服力。这种现象其实是有科学依据的，也叫作"瑕不掩瑜效应"。

研究者曾经做过一项实验，他们让参与者在网上买登山靴，并且给他们提供了一些相关信息。研究者给一半参与者提供的信息都是登山靴的优点，比如鞋底耐磨、面料防水、5年质保等。给另一半参与者的信息，除了这些优点之外，还有一项缺点，那就是这款靴子可选的颜色只有两种。

结果非常有趣，接受到的信息中包含一项缺点的参与者，购买这款靴子的可能性反而更大。所以，在接触了大量正面信息之后，如果接受到了少量的负面信息，反倒会带来一种对比，加强正面信息的力量。

第02节

中财捷营销的六大关键

▶ 中财捷的创业初心

初心指引方向。领导一个政党、管理一个国家需要不忘初心，干事创业、经营一家企业亦是如此。

中财捷-金不换财务公司成立于2011年8月16日，10年来坚持以代理记账为主体业务，规模化、全国化为战略，迅速从广州拓展到全国10个省30个市地区。中财捷智能企服平台是基于金不换财务升级发展到一个OMO线上移动线下财税服务主体成交模式的新型财税服务平台，帮助客户更好地经营企业，解放企业消费力，让创业更简单。

公司从2011年初创时的10平方米的办公室开始，到把规模化、全国化定为目标，随之进入2016—2018年的企业快速成长期，并于2018年在重庆、长沙、杭州成立分公司，并建立了代账行业销售培训体系，首创"微电销"营销模式。2019—2020年进入公司战略转型期，2019年株洲、福州、惠州、花都分公司成立，高端财税顾问项目启动，内部ERP管理系统上线，金不换会计工厂落地。

2020年中财捷成立代账行业社群—代账社上线，中财捷创云社社群创业平台发布，数字化智能销售系统上线，中财捷智能企服App上线，中财捷品牌全面升级，会计3.0升级完成，公司总部迁到广州市白云区CBD占地2 000平方米的办公室。2021年公司进入了数字赋能加速发展时期，以数字化系统为客户提供更高品质的服务体验感为中心，以不惜一切代价增长客户体量和深耕财税专业化程度为基本点。

中财捷-金不换财务公司因真诚、专业的服务获得了社会各界的广泛认可，被评为候鸟慈善基金副理事长单位、广东省守合同重信用单位、广州财务行业协会创会会长、中国会计服务联盟主席单位、中国总会计师协会代账行业分会理事单位。

公司自成立以来就重视文化和价值观的输出，从2015年到2019年，走了一条五年长征文化路线：韶山-井冈山-遵义-延安-北京，随着各红色站点的建立，也将公司的文化、价值观传递到了祖国各地。

21世纪是知识经济爆炸的世纪，21世纪是挑战管理巅峰的世纪。中财捷将努力成为中外企业的参谋，为企业的财税规划、业务规划进行周密的预测、控制、分析、计算与考核，为企业的管理提供更为完善的管理体系，成为企业发展途中不可或缺的合作伙伴，让创业更简单。这就是中财捷的初心与使命，也是中财捷一路走来始终秉承的坚定信念。

▶ 中财捷强大的企业愿景体系

"唯有不可思议的目标，才能创造不可思议的结果"，这句话一直激励着中财捷的掌舵人，为企业定下一个又一个伟大目标。

INTUIN的愿景是：为世界繁荣而努力。

阿里巴巴的愿景是：让天下没有难做的生意。

腾讯的愿景是：最受尊敬的互联网企业。

金蝶的愿景是：成为全球领先的管理与工厂整合解决方案服

务商。

中财捷的愿景：引领一千万个企业家更好地经营企业，解放企业消费力，培养一千位月入十万的团队领导人。

中财捷的使命：让创业更简单。

中财捷的价值观：客户第一，激情，诚信，敬业，拥抱变化，感恩。

中财捷的口号：开公司上中财捷，经营老板的财税、企业、生活！

▶ 等级划分，专做应做的事

销售小白有销售小白的迷茫，销售精英也有他们自己的烦恼，不同业务等级的销售人员，工作职责和要求也不一样。具体而言，中财捷的人员业务等级划分有以下几种。

1.见习一星业务员

岗位标准：打开电销的大门，熟悉电销的环境，轻松适应电销。

工作职责：每天拨通400个电话，找到有效电话并在系统上标记出来。

总结：电销其实并不可怕，因为我们每天都在打电话，可怕的是对电销缺少认知，从而阻碍了快速成长的业务生涯，甚至直接阻断了自己的业务生涯，最终只能选择平庸。

2.准一星业务员

岗位标准：已经是一名合格的电销员，敢于打电话，并且可以熟练地在电话里跟陌生的客户沟通。

工作职责：每天拨通400个电话，不管面对什么样的客户，目的只有一个，就是让客户答应加微信，并在系统上标记。

总结：销售是从客户说不的那一刻开始，面对拒绝，我们要牢记自己的职责，一定要让客户答应添加微信。

3.一星业务员

岗位标准：进入微电销模式，通过不断的电话沟通，加到更多老板的微信，用电销和微营销找到更多的意向客户，从而签更多的单。

工作职责：在私域流量池，认领相应的客户信息，把每一个认领的客户都加到微信，一天加50个微信好友，一天找到10个意向客户，一个月保持1.2万元以上的业绩。

总结：签单是一个业务员的基本职责，一个不签单的业务员是没有存在价值的。所以，做一个有价值的人，是成功的第一步。

4.二星业务员

岗位标准：进入高速签单环节，通过系统化地跟踪意向客户，发现客户的财税需求，以成交代理记账为核心，只有有了客户，我们才能拥有一切！

工作职责：每个意向客户每个月都要跟踪四次以上，要么把意向客户转化成客户，要么把意向客户转化到意向客户公海，同时开发好经理分配的意向客户公海的新的客户。

每个月保持新签10个以上代理记账，每个月最低标准是完成2.4万元的业绩。

总结：养成签单的习惯，签单就会变得非常简单，当你还没有这个习惯，说明你的努力还不够。

5.三星业务员

岗位标准：进入商务顾问环节，开发客户的方式从销售转变为营销，从财税业务服务转化为企业服务。

工作职责：深入了解客户，发现客户需求，从而满足客户需求！每月完成百分之十的客户转介绍率，一年保证所服务客户每家平均5 000元的新创造收入。

总结：只有更好地服务好客户，才能让客户为我们创造更多的价值。所以，要把客户服务做到极致。

6.四星和五星业务员

这是一个超级业务员的标志。在做好三星业务员的基本工作职责的同时，能持续保持高业绩，并创造出更大的价值，保证更高的业绩。

7.业务总监

有年薪百万的希望。成功的销售业务员总是在不断前进，不断向前奔跑。而一名优秀的业务总监，能让人从奔跑变成飞翔，能带领更多的业务员去创造不可思议的价值，成就别人，成就自己。

▶ 唯有不可思议的目标，才能创造不可思议的结果

愿景是方向，一个又一个的目标是通向愿景的保障。

1.定目标的三大标准

（1）所定目标能让人热血沸腾，激动到浑身发抖；
（2）每个目标都要有达成的期限；
（3）有可计算的规模，目标要加上数字，有数字才能实现目标的量化。

目标结果

定目标的错误案例
——我的目标是买一辆车

错误原因：首先是时间不明确，多久买辆车呢？是1天，1个月，1年，10年，还是100年？其次是买什么车，是自行车还是汽车？再次是品牌不明确，是买奇瑞QQ还是奔驰、宝马呢？

正确目标：我的目标是在2020年买一辆价值60万的宝马车。

2.目标的十大领域

健康能量、事业成就、家庭幸福、学习成长、领导力、顶尖人脉、旅游、物质享受、财务投资、贡献方面。这是中财捷人定目标的十大领域。

每个人都是活在目标里的，唯有清楚知道自己想要的是什么，才能明确自己应该具备什么样的条件，在前进的过程中需要付出什么样的努力。

▶ 成长比成功更重要

销售是一个持续的过程。

电销拉开序幕，其成本较低，是企业快速发展最核心的营销方式，让中财捷快速成长起来，抢占先机，为之后的发展奠定了坚实

的基础。

新时代下,微营销得到广泛的应用,电销和微营销被结合起来,中财捷开创了微电销的模式,利用电销的大范围极速拓展,解决了微营销粉丝增长慢,周期长,目标不精准的弊端。当下,微电销模式在财务代理行业得到广泛的应用,这也是企业的成长。

中财捷是一个学习型团队,我们一直在学习,坚信成长比成功更重要。以下是中财捷不同时间段的团队学习内容。

2014—2015年跟随惠智学习"教练技术"课程;

2016—2018年跟随亚洲首席超级演说家梁凯恩老师、亚洲第一潜能激发大师许伯恺老师学习"下一个奇迹""超级演说家""极限说服力"等课程;

2016—2019年跟随大脑银行苏引华老师学习"总裁商业思维""思维导图""系统思维""经营思维"等课程;

2019年参加了世界第一潜能激发大师安东尼老师的"走火大会";

2019—2020年跟随商业卧龙周导学习了"逆向盈利""融资招商""帮扶计划""裂变商城""流量操盘手"等课程。

学习是团队成长的助推器!

▶ 使用系统的工具

"君子性非异也,善假于物也",古人在两千多年前就洞察了人跟人之间效率差别的原因,不是说厉害的人天赋有多强,而是他们善于借助工具来提升效率。造成销售人员效率差别的原因,除了知识储备、思维方式的差别之外,最重要的就是对于工具的掌握。对中财捷营销人来说,中财捷销售系统就是他们的"称手"的工具,让他们效率倍增,能力倍增。

系统化工具让工作效率倍增

吴春香是中财捷营销总监,每天都超级忙碌的工作着,要招聘,要管理新销售、监管老销售,同时还要管理销售经理,每天的工作安排、监管和管理都非常繁琐,忙得不可开交的同时,效率也不高。

自从中财捷销售系统开发并应用起来之后,她的工作效率有了一个很大的提升,每个阶段销售人员的工作,系统每天都会自动分配完成,工作结果一目了然,还会根据每个工作阶段的工作数据,制定相应的标准,有针对性地处理,方便快捷而且高效。

第03节

成交利器
——销售人员必备工具单

▶ 电销必备工具单

　　电销是销售的基本功，也是初步触达客户的敲门砖，一般电销会结合上门拜访和视频销售，但是作为一门基本功，电销是每一名销售人员必备的技能。电销经过几十年的发展基本已经形成一套完备的话术模板和方法，现以中财捷-金不换财务公司的电销必备工具单为例，教大家掌握电销过程中的常用话术和解决客户问题的实用办法，提高电销成单率。

1.电销实用开场白精选

　　万事开头难，电销时最难的莫过于如何有一段让客户无法拒绝的开场白，熟练掌握电销过程中的常用开场话术，可以为电销人员顺利成单打下良好基础。表5-1是中财捷-金不换财务公司电销常用开场白的精选内容，可以帮助销售人员快速提高电销业务水平。

表5-1 销售开场白通用版（精8条）

序号 项目名称	销售开场白通用版（精8条）	客户的反馈收集
1	××女士/先生，您好（停顿2秒），我这边是××公司的××，想问一下您公司这边需要（岗位名称）帮您（具体事宜）吗？	
2	××女士/先生，早上好啊，我是××公司的××，您这边新开公司需要找人代理记账报税吗？	
3	××女士/先生，我是之前联系您的××，现在公司财务做得怎么样，有没有遇到一些财税问题需要我帮忙的呀？	
4	××女士/先生，我是专门帮大小企业解决财税问题的，我姓×，最近您有遇到财税方面的问题吗？	
5	××女士/先生，最近忙不忙（根据客户的回答随机应变）？如：现在您那边财务做得怎么样了？有没有报税了？有没有朋友需要注册公司？	
6	××女士/先生，您好啊，我是之前一直跟您电话沟通的××公司的××（停顿2秒），是这样的，我想问一下您这边最近有没有想换财务帮您做账啊？	
7	李总，上午好，我是××公司的××，前两天刚跟您通过电话，您现在方便说话吗？	
8	张总您好，我是之前联系您的××，公司财务没定的话我想现在到您公司见面谈谈财务的事，您现在方便吗？	

使用说明：1~2条适用于与新成立的企业沟通，3~6条适用于与老企业沟通，7~8条适用于跟踪精准客户。

目的：形成固定话术模板，保证沟通顺畅，增加客户好感度，同时表格中附带客户意见反馈记录模块，可以随时更新不同话术模板的效果变化，为话术更新提供依据。

2.电销售针对客户问题的沟通技巧汇总

最近几年,电销的方式已经慢慢成为企业销售最主要方式之一,其与其他销售方式相比具有更多明显优势:节省企业资源,使企业的资金、时间和精力得到最大化利用。提高企业销售人员的电销能力也成了快速、全面地打开市场的敲门砖。

作为电销人员,能够针对客户提出的问题快速且准确地给出回应,便会增加客户好感度和信任度。比如沟通过程中,客户提出了对产品性能的一些质疑,如果事先有所准备,便可以快速做出解答,让客户认可电销的专业能力。现以中财捷-金不换财务公司总结的客户问题沟通技巧为例做详细讲解,详见表5-2和表5-3。

表5-2 销售与客户沟通精华版（1）

工具单名	销售与客户沟通精华版（针对新企业客户）
客户类型	电话营销：您好，李先生（停顿2秒），我是中财捷-金不换财务公司的××，您新开的公司需要请会计记账报税吗？ 客户A：你怎么知道我新开公司了？你们怎么收费？ 客户B：不需要，有人做了。 客户C：现在没空啊。（如果直接挂了，换个时间重新拨打。）
针对A类客户的沟通办法	电话营销：信用网/红盾网看的（答完转移话题），就看到您的公司最近刚成立嘛，我们小规模记账有3个套餐服务价格，具体我要先了解下您公司的实际情况，再给您推荐合适的套餐，您是还没有人做账吧？ 客户：是啊，你们有什么套餐啊？ 电话营销：我们小规模企业有3个定制化套餐，根据您需要的服务及业务量我给您推荐合适的套餐！ 客户：（介绍自己公司的基本情况和大体需求。） 电话营销：针对您公司的情况，我为您推荐每年××元的定制套餐，这个套餐包含每个月上门服务，以及……。具体内容等下我们添加微信，我将详细的资料发给您。 客户：有点贵了，别人家一年才××元。你们有什么优势？ 电话营销：（详细介绍公司的服务优势。） 客户：但是你们公司和我们公司距离太远了，我担心服务不到位！ 电话营销：（解答办法1：客户分布广泛，证明服务范围广。 解答办法2：完备的时间规划，可按时完成任务。 解答办法3：提供上门服务，保证服务到位。 解答办法4：定制服务专人负责，客户需求随时可触达。） 客户：我还是再考虑一下吧！ 电话营销：（解答办法1：询问客户顾虑，以便进一步沟通。 解答办法2：介绍财务对公司的重要性，引起客户重视。 解答办法3：询问是否有机会面谈，把握销售机会。）

续表

工具单名	销售与客户沟通精华版（针对新企业客户）
A类客户沟通经验总结	上述案例中客户提到了价格、距离和要考虑这3方面问题，销售人员针对这3个方面给出了完美的解答，不仅增加了客户对产品的了解程度，在客户提出再考虑时，也抓住了机会邀约客户面谈。
针对B类客户的沟通办法	电话营销：这样啊，您先别挂电话，可能您暂时不用，以后我们还是有很多的机会可以合作的，我先简单介绍下我们公司可以吗？ 客户：我们已经找了代理公司。 电话营销：（解答办法1：询问是否定下来，争取合作机会。 解答办法2：留下联系方式，积累潜在客户资源。 解答办法3：介绍自己公司的服务优势，让客户选择。）
B类客户沟通经验总结	面对客户的直接拒绝，销售人员一定不能轻易结束通话，而是要不断询问客户并挖掘客户需求，根据对方情况进行分析，做出适当引导。
针对C类客户的沟通办法	电话营销：1.我只需要1分钟就讲完，我可以耽误您1分钟时间吗？ 2.那您下午2点方便接电话吗？ 3.请先别挂电话，可能您暂时用不到，以后我们还是有很多合作的机会的，要不我先简单跟您介绍下我们的情况吧！
C类客户沟通经验总结	对于刚接通电话就说忙的客户，销售人员需要学会判断对方是真实情况不方便接听，还是抵触这通电话而找的借口，再根据具体情况，做进一步沟通。

使用说明：熟记应答话术，对不同类型客户给出具有针对性的解答办法，增加客户认可度，促进快速成单。

目的：根据客户给出的回应，将客户分为A、B、C三类，对不同类型的客户给予不同的解答，可以更有针对性地解决客户提出的问题，抓住客户需求痛点，提高成单率。

表5-3 销售与客户沟通精华版（2）

工具单名	销售与客户沟通精华版（针对老企业客户）
沟通过程	电话营销：李总您好，我是去年给您打电话的××，您还记得我吗？之前您刚开公司那会儿我经常给您打电话的，今天有点事情想问一下您。 客户：不记得了，什么事情？ 电话营销：没关系，可能是我最近跟您联系有点少，您忘记我了，我现在重新自我介绍一下吧，我之前打电话跟您谈过企业财务的相关业务，当时您跟我说已经有人帮忙做了，已经过去一年了，我想看一下您这边财务报税做得如何，近期有没有想换财务做？ 客户：我跟他们的合同已经到期了，也可以换啊，我想先看看你们的服务怎么样。 电话营销：这样啊，那您打算什么时候换呢？我提前过来跟您介绍下我们的服务，您要换肯定要找一个满意的服务套餐，我现在就跟您详细介绍下我们公司和服务吧！
经验总结	销售人员需要深入了解客户情况，需求意向达到什么程度，合作意向较强的可以约见面谈，意向一般的可以添加微信进一步跟进，无意向可以推送其他业务。

使用说明：熟练应答话术，对老企业客户提出的问题给出快速回应，在增进彼此了解的基础上为客户推荐合适的服务套餐，客户会在电话营销的引导下越来越清楚自己的需求，从而快速达成交易。

目的：掌握与老企业客户的沟通技巧，快速切入销售话题。

3.电销人员必填三大表单

作为企业的电销人员,需要记录好每次电话沟通的情况,比如客户留下的信息、沟通进展情况等,常见的电销记录明细见表5-4,留下完备的电销信息可以方便销售人员的后续跟进。

表5-4 电话营销记录表

	序号	1	2	3
电话营销记录表	日期	2021年3月1日		
	客户名称	××企业		
	联系人	张××		
	职位	经理		
	联系电话	186××××××××		
	微信/QQ/邮箱	××××		
	进展情况	已加微信		

电话营销记录表使用说明:
1.序号——记录条目编号。
2.日期——电话沟通的具体时间。
3.客户名称——需记录完整的企业名称。
4.联系人——客户企业的联系人。
5.职位——记录清楚联系人的职位名称。
6.联系电话——可以是联系人的手机或者是企业相关部门的固定电话。
7.微信/QQ/邮箱——至少留下一种联系方式,方便后续跟进。
8.进展情况——当次沟通已达到的效果,比如添加微信、发送资料等。

除上表中的基本信息外，电销人员还需要记录更加详细的电销量化跟踪情况及每日电销情况统计，具体内容见表5-5和表5-6。

表5-5 每日电话营销统计表

每日电话营销统计表	时间	9—10a.m.	10—11a.m.	11—12a.m.	1—2p.m.	2—3p.m.	3—4p.m.	4—5p.m.	5—6p.m.	合计
	打电话次数									
	有效接通次数									
	有效销售说明次数									
	寄资料									
	有兴趣									
	没兴趣									
	销售达成									

使用说明：记录不同时段电话营销的次数和效果，根据其效果统计，可以看出哪些时段拨打电话有效沟通次数多，便可在日后的电话营销过程中集中在此时段打电话。

表5-6　电销量化跟踪表格

类别	项目			
客户信息	客户名称		职业	
	联系方式		公司名称	
	QQ			
	地址			
	E-mail			
客户现状	投资现状			
	投资时间			
	投资结果			
	投资公司			
	资金量			
拒绝理由	1.			
	2.			
	3.			
经理审核	是否放弃	是□　否□		
	判断依据	1.		
		2.		签名：
历史跟踪记录	谈话、活动内容及检讨			
	1.			
	2.			
	3.			
	4.			
跟踪方法	电话		跟踪结果	
	微信			
	QQ			
	邮件			
	面谈			

使用说明：详细记录客户企业的现状、拒绝理由以及跟进方法等，可根据每次客户给出的回应调整后续跟进办法。

▶ 微营销及面谈客户必备工具单

　　微营销和面谈客户是非常重要的两种销售手段，每一位销售人员都应该掌握这两种销售方式。对于微营销来讲，它是网络经济时代中企业或者个人的一种重要营销模式，尤其是近些年伴随着微信的火热而兴起，还有这两年逐渐成为主流的社群运营模式同样也是基于微营销。而对于面谈客户来说，这虽然是在早期销售中就已经存在的一种销售方式，但是无论社会和经济发展到何种程度，相信它仍然能作为不可替代的重要销售方法普遍应用在产品或服务的销售过程中。

　　下面就为大家介绍微营销及面谈客户的过程中非常实用的一些方法或话术，并将这些内容总结成表格，方便销售人员在日常工作中使用和查找。

1.微信添加好友实用工具单

　　实现微营销的首要任务就是先通过微信与客户建立联系，所以添加客户好友和做好互动非常重要。表5-7、表5-8和表5-9是中财捷-金不换财务公司总结的添加微信好友和首次互动过程中可用的话术和方法，销售人员在添加客户为微信好友时可直接对应查找，借鉴使用。

表5-7 微信好友验证消息汇总工具表

微信加好友实用验证信息汇总表单	
借势添加话术	朋友介绍/王总推荐
混熟添加话术	刚跟您通过电话的/刚说好加微信的××/王总，您好
业务添加话术	免费注册公司/送一个月免费做账/要报税了
合作添加话术	后期合作一下/我想了解您的项目
直接添加话术	我是××/我是会计/我是代理记账的

使用说明：添加客户好友，一段合适的验证信息，可以大大增加好友通过率，所以销售人员应该根据具体情况选择最佳的验证信息。

表5-8 微信好友首次互动工具表

微信好友首次互动方法（自我介绍）	
简单互动	1.您好，我是中财捷-金不换财务公司的方××，您叫我××就好啦，我要怎么称呼您？ 2.您好，我是刚跟您打过电话的××，以后有什么财税问题都可以随时联系我。
自我塑造	方××【人称××】，中财捷集团资深顾问，曾主修会计，现任财税销售顾问。曾先后为5 000多家企业解决财税问题，我一直坚信——销售是通往梦想的唯一途径！持续6年专注帮助有梦想的人！ 个人微信号（手机号）：××××××××× 个人微信公众号：××××××
专业化互动	发送微名片

使用说明：与微信好友首次自我介绍过程中，可以依据上表从简单互动到自我形象塑造，直至引导进行专业化营销互动。

表5-9 微信好友首次互动工具表

微信好友首次互动方法（企业介绍）	
第一步 简要介绍公司	我们是中财捷-金不换财务公司，目前我们总部在广州，全国共有26家分公司，以后需要注册公司、做账报税都可以找我们哦！
第二步 发送企业介绍资料	H5/PPT/视频/图片
第三步 正式介绍公司	**单位名称** 广州中财捷财务咨询有限公司 **经营范围** 工商注册　代理记账　商标版权专利 工商变更　企业注销　资质、许可证 品牌设计　财税咨询　进出口退税等 **总部地址** ××市××区××路××号××大厦 **服务区域** 广州、中山、佛山、珠海、东莞、深圳、湛江、江门、增城、常平、虎门、武汉、重庆、郑州、长沙、杭州、永州、港区、新乡、商丘、南沙、东凤，其他城市持续开拓中。 **咨询热线** 电话：××××××××××　微信：×××××× 联系人：方×× 为方便您后期了解咨询，您可以备注我为：中财捷-金不换财务公司方××

使用说明：表中为中财捷-金不换财务公司与客户微信首次互动时每一步的具体内容，清晰的步骤可以让客户更加深入地了解公司的整体情况，销售人员可根据自己公司的情况总结出相应的信息，为与客户沟通提供模板。

2.朋友圈做点赞、评论工具表

正确的朋友圈互动可以增进与已添加好友客户的沟通，让销售人员与客户更加熟悉，那么对于一些效果较好的朋友圈点赞、评论话术，作为销售人员也应该及时积累和更新。表5-10是中财捷-金不换财务公司的常用朋友圈点赞和评论技巧，销售人员可以根据情况借鉴其部分内容。

表5-10 朋友圈点赞、评论工具表

朋友圈点赞、评论工具表	
通用版本	早上好！/吃饭没？/今天怎么样？
福利版本	今天我们搞活动有优惠，您要了解下吗？
内容版本	开业大吉，最近生意怎么样？/恭喜恭喜，您现在在哪里呢？
经验总结	销售人员需要想方设法把所有类型客户都加到微信，根据不同等级客户做不一样的互动，所以加了客户微信之后，一定要跟对方互动，而不是直接发送大量推销信息，导致客户排斥。点赞评论需要分时间点或者内容进行，切不可长期全天没有选择地点赞和评论。

使用说明：针对不同等级的客户，互动内容要有所区别，点赞和评论的时间也是有规律的，本表的经验总结，可以为销售人员做客户维护提供借鉴资料。

3.微营销必备工具单

微信促成交方法有很多，比如优惠成交法、假设成交法、同情法及试探法等，深刻理解这些促成交方法，可以帮助销售人员进行有效沟通，并且可以避免引起好友客户的厌烦情绪，表5-11为中财捷-金不换财务公司总结的微信促成交方法的具体内容，销售人员可以根据这些方法归纳一些适合自己企业的沟通话术。

表5-11 微信促成交方法汇总表

微信促成交方法	
优惠成交法	注意把握一个度，设定在规定的时间内才有这个优惠。
假设成交法	提出一些安排合作问题，而不与客户谈论购买。设想成交，诱导客户合作。
同情法	表明当月在冲刺目标，强调双方聊得不错，就差今天这一单了，表示希望得到客户支持。
试探法	向客户表明可以先沟通后合作，暗示客户可以放心与我们沟通或合作。
直接询问法	客户已经发出较明显的合作信号，成交时机也已成熟，可巧妙施加适当的成交压力，运用此方法。

使用说明：不同的促成交方法会产生不同的效果，这些都是基于销售人员对客户心理的揣摩得出的经验，实践中还需要不断更新和积累。

4.面谈客户,销售人员必备工具单

与客户见面会谈,几乎是所有销售人员都必须经历的销售过程,通过前面多种方式的沟通后,已与客户建立了基本的联系,此时再进行面谈,可以大大减少成交所用时间。面谈是有标准的销售流程可遵循的,一些步骤还需要根据流程事先做好准备。表5-12和表5-13是中财捷-金不换财务公司根据多年销售经验总结的针对不同客户的销售流程,销售人员可以根据自身需要借鉴更新为自己的销售流程,再结合表5-14中列举的与客户沟通的注意事项,便可以非常顺利地达到成交目的。

表5-12 销售流程表(1)

序号	销售流程表(针对上门客户)
1	提前了解相关专业知识
2	准备面谈资料(公司资料+合同)
3	安排面谈场地
4	销售人员整理个人仪容仪表
5	自我介绍
6	公司介绍(标准宣传介绍资料)
7	客户需求沟通
8	解答客户疑问
9	交接所需资料/客户考虑、后期持续跟进,结束面谈
10	达成共识,签合同收款
11	面谈结束,销售人员安排内部交接工作

使用说明:针对上门客户可以应用上表销售流程提前做好准备,尤其是对公司的具体情况和产品特点要做到非常清晰并且可以对答如流。

表5-13 销售流程表（2）

序号	销售流程表（销售主动上门）
1	提前了解相关专业知识
2	准备面谈资料（公司资料+合同）
3	提前10分钟到达约定地点附近
4	销售人员整理个人仪容仪表
5	自我介绍
6	公司介绍、标准宣传资料介绍
7	客户需求沟通
8	解答客户疑问

使用说明：对于销售主动上门沟通的一些客户，可以应用上表销售流程提前做好准备，需要重点注意表5-14所列的面谈注意事项。

表5-14 与客户面谈注意事项

序号	与客户面谈注意事项汇总表
1	销售人员仪容仪表,给客户第一印象很重要。
2	准备充分的相关资料,且熟悉已准备好的资料。
3	把握时间观念(宁可早到、不可迟到,特殊情况提前跟客户沟通)。
4	交谈过程中,目光集中在对方身上,把握时机询问以及回应对方。
5	与客户沟通时,谈吐自如,保持微笑,不骄不躁,学会随机应变。
6	面谈结束时,留下好印象:资料整理好,水杯放置好,凳子归位。
7	面谈准备离开前,向客户再次简单介绍自己以及所负责的业务板块。
8	离开后,给客户发信息,让客户彻底记住你,后期保持持续跟进。

使用说明:销售人员与客户面谈时一些细节需要非常注意,表中列举了8条注意事项,销售人员还可以根据自身实践逐渐积累扩充。

▶ 销售专业技能训练整体解决方案工具单

任何一个行业都有自身领域需要掌握的专业技能,对于销售人员来讲,具备销售人员的基本素质,掌握销售专业技术能力,能够在与客户沟通时,展现出专业可信的职业素养,让客户在做产品或者服务选择时可以更加信任销售人员,这样不仅能大大提高成单率,也能凭借贴心、专业的服务得到客户认可,客户的转介绍率也会提升。

1.销售人员素质及个人发展测评工具表

销售人员素质测评表可以帮助销售人员更加清晰地认识自我,个人发展检查表可以让销售人员更加清楚未来的发展和努力方向,销售人员可以分别对照表5-15和表5-16中列举的项目进行自我测评。

表5-15　销售人员素质测评表

销售技巧 SALESMANSHIP	销售流程表 （销售主动上门）	有/无	改进计划
S	微笑与表达能力	有□　无□	
A	快速行动能力	有□　无□	
L	聆听能力	有□　无□	
E	自我教育与精进能力	有□　无□	
S	服务顾客能力	有□　无□	
M	判断购买能力	有□　无□	
A	判断顾客购买决定的能力	有□　无□	
N	判断顾客购买需要的能力	有□　无□	
S	聪明的，精干的	有□　无□	
H	幽默	有□　无□	
I	想象力，创造力，情报力	有□　无□	
P	自我教育与精进的能力	有□　无□	

填写说明：根据实际情况填写有无表中所列素质，并提出自我改进计划。
填写目的：测评个人销售素质，有针对性地提出改进计划。

表5-16　销售人员个人发展检查表

序号	个人发展方向	分数1~10分	疏失检讨	改进计划
1	积极的心态			
2	人际关系及同事喜欢的程度			
3	身体健康以及给人的外表观感			
4	对产品的认识与了解			
5	开发客户的能力			
6	接触客户的技巧			
7	介绍产品的技巧			
8	处理异议的技巧			
9	结束销售技巧			
10	客户服务及管理能力			
11	收款能力			
12	自我"时间"与目标管理的能力			

总结：

填写说明：针对个人发展情况填写，检讨疏失并制订改进计划。

填写目的：检查个人发展情况。

2.产品性能速记工具表单

销售人员的专业程度还体现在对产品的熟悉程度上,如果销售人员在销售过程中对产品的性能对答如流,会让客户看到销售人员的专业能力,并体会到销售的用心程度,这样他们才会放心地将自己的需求告诉销售人员,从而让整个销售过程的沟通更加高效。作为销售人员,在熟悉产品时应及时填写表5-17中的内容,熟记销售产品或服务的特性、优点等,并根据自己在表5-18中记录的内容,提醒自己在介绍产品的过程中需要避免的一些错误行为。

表5-17 产品的FABE分析表

特点 FABE	特性 (Feature)	优点 (Advantage)	利益 (Benefit)	证据 (Evidence)
性能				
构造				
作用				
使用方便程度				
耐久性				
经济性				
外观优点				
价格				
……				

填写说明:利用FABE分析法系统地做产品说明。
填写目的:把产品的性能、构造、作用、使用方便程度、耐用性等按照特征、优点、利益、证据四方面分别进行说明。

表5-18　产品介绍过程中应避免的错误

错误类型	是否存在	后果	改进计划	排序
缺乏准备	是□ 否□			
忽略客户或听众	是□ 否□			
停止道歉或者是找借口	是□ 否□			
骄傲自大	是□ 否□			
打断顾客的话	是□ 否□			
讲低俗的笑话	是□ 否□			
语言肮脏	是□ 否□			
轻声细语或声如洪钟	是□ 否□			
乱用文法，发音错误	是□ 否□			
无关痛痒的字词	是□ 否□			

填写说明：填写在介绍产品时犯的错误或出现的后果，提出改进计划，并对错误的恶性程度进行排序。

填写目的：检查自己在产品介绍中的错误。

3.销售人员"目标与关键结果"分析工具单

销售过程中对"目标与关键结果"的分析，属于目标管理中的一种最佳实践，是销售实践的管理理念与经验的总结。销售人员从一开始就明确销售目标，有利于在接下来的一系列销售行为中找到关键策略，从而完成预先设定好的关键结果，多个关键结果一一实现的过程，也就是逐步接近销售目标的过程。

下面几个表格（表5-19~表5-22）是"目标与关键结果"的分析工具中比较常用的，销售人员可以提前根据自身情况填写好相应的目标和关键结果，为销售行为提供目标指导。

表5-19 目标与关键结果检查清单

类别	检查标准	检查结果
逻辑	1.目标与关键结果对组织的价值,是重要的。	有□ 无□
	2.目标与关键结果的完成逻辑是清晰的。	有□ 无□
	3.所有关键结果完成,目标就可以实现。	有□ 无□
	4.目标与关键结果是具有挑战性的,需要付出很大努力。	有□ 无□
	5.目标与关键结果有完成的可能性。	有□ 无□
	6.具备完成目标和关键结果必要的资源。	有□ 无□
	7.目标与关键结果有指定的责任人。	有□ 无□
目标撰写	1.以动词开始。	有□ 无□
	2.责任明确。	有□ 无□
	3.对应周期可以完成。	有□ 无□
	4.是定性的。	有□ 无□
	5.是可以鼓舞人心的。	有□ 无□
	6.精简,无歧义。	有□ 无□
关键结果撰写	1.任务的完成效果可以度量。	有□ 无□
	2.可以进行中期检查。	有□ 无□
	3.有完成目标的过程。	有□ 无□
	4.精简,无歧义。	有□ 无□
对齐	1.上级目标全部得到承接、分解。	有□ 无□
	2.重要协作得到体现。	有□ 无□

检查说明:根据表中所列项目,根据实际情况逐一填写检查结果。

检查目的:目标和关键结果设定好后,销售人员可以根据此表检查其合理性,为及时调整设计不合理的目标或关键结果提供依据。

表5-20 销售人员"目标与关键结果"工具表

序号	目标	关联	信心指数	关键结果	完成时间
1				关键结果1：	
				关键结果2：	
				关键结果3：	
				关键结果4：	
2				关键结果1：	
				关键结果2：	
				关键结果3：	
				关键结果4：	
3				关键结果1：	
				关键结果2：	
				关键结果3：	
				关键结果4：	

序号	关联目标	协作要求	协作人	期望完成时间
1				
2				
3				

填写说明：填写销售目标、信心指数、关键结果以及完成时间，并列出与其所列目标相关联的一些客观条件或者是关联目标。

填写目的：记录清楚表中的相关信息，可以让销售人员在对照销售目标时，找出是哪个关联环节或者是关键结果出了问题，积累经验，避免在日后的销售过程中再出现类似的情况。

表5-21 目标与关键结果周报表

周报	周期
本周销售目标与关键结果进度： 本周，关键结果取得了哪些进步？	下周计划： 下周，我计划做哪几项重要任务？
障碍： 是什么阻碍了目标和关键结果取得更大进步？	方案： 我们要做什么来实现最终目标？
周报	**周期**
本周销售目标与关键结果进度： 本周，关键结果取得了哪些进步？	下周计划： 下周，我计划做哪几项重要任务？
障碍： 是什么阻碍了目标和关键结果取得更大进步？	方案： 我们要做什么来实现最终目标？
周报	**周期**
本周销售目标与关键结果进度： 本周，关键结果取得了哪些进步？	下周计划： 下周，我计划做哪几项重要任务？
障碍： 是什么阻碍了目标和关键结果取得更大进步？	方案： 我们要做什么来实现最终目标？

续表

周报	周期
本周销售目标与关键结果进度： 本周，关键结果取得了哪些进步？	下周计划： 下周，我计划做哪几项重要任务？
障碍： 是什么阻碍了目标和关键结果取得更大进步？	方案： 我们要做什么来实现最终目标？

填写说明：表中共包含了四周"目标与关键结果"的周报内容，每一周的周报都含有四大内容模块，销售人员要根据情况如实填写。

填写目的：以周为单位，记录销售过程中目标与关键结果的实现进度、障碍和实现方案等，填表的过程也是回顾总结和做计划的过程。

表5-22 目标与关键结果月报表

序号	目标	关键结果	完成情况	完成比例	完成日期
1		关键结果1:			
		关键结果2:			
		关键结果3:			
		关键结果4:			
2		关键结果1:			
		关键结果2:			
		关键结果3:			
		关键结果4:			
3		关键结果1:			
		关键结果2:			
		关键结果3:			
		关键结果4:			

填写说明：本表用于记录销售人员当月的"目标与关键结果"，填写时要根据情况如实填写当月的目标和关键结果的完成情况、完成比例和完成日期。

填写目的：以月为单位，记录销售过程中目标与关键结果的完成情况、完成比例及完成日期，填表的过程也是回顾总结当月工作的过程。

参 考 文 献

[1] 杰弗里·吉特默.销售圣经：终极销售资源[M].杨洁 杨帆,译.北京：中信出版社, 2015.

[2] 陈勇.超级转化率：如何让客户快速下单[M].北京：中信出版社, 2019.

[3] 魏巍.电话销售实战技巧全集[M].2版.北京：中国纺织出版社, 2015.

[4] 秦阳，秋叶.微信营销与运营[M].2版.北京：人民邮电出版社, 2019.

[5] 骏君.微信营销方法1+2+3：大咖教你玩转朋友圈、微信群、公众号[M].广州：广东经济出版社, 2016.

[6] 王九山.微商引流爆粉实战手册 全网引流实战300招[M].北京：人民邮电出版社, 2018.

[7] 曾子默.一本书玩透微信营销[M].北京：清华大学出版社, 2019.

[8] 营销铁军.场景营销：高效营销的新思维,用场景"说服"用户[M].苏州：古吴轩出版社, 2020.

[9] 理查德·克莱沃宁.你的品牌需要一个讲故事的人[M].陶尚芸,译.北京：中国友谊出版公司, 2018.

[10]宋晓宇.新编常用销售管理全书[M].北京：中国法制出版社, 2015.

[11]俞赛前.快速成交[M].北京：中信出版社, 2020.

| 附录 | 101 个目标的制定周期 |

未来三十年的目标

领域一：健康篇

序号	目标	达成日期
1		
2		
3		
4		
5		
6		
7		
8		
9		
10		

领域二：幸福篇

序号	目标	达成日期
1		
2		
3		
4		
5		
6		
7		
8		
9		
10		

领域三：环游世界篇

序号	目标	达成日期
1		
2		
3		
4		
5		
6		
7		
8		
9		
10		

领域四：事业成就篇

序号	目标	达成日期
1		
2		
3		
4		
5		
6		
7		
8		
9		
10		

领域五：成长篇

序号	目标	达成日期
1		
2		
3		
4		
5		
6		
7		
8		
9		
10		

领域六：投资理财篇

序号	目标	达成日期
1		
2		
3		
4		
5		
6		
7		
8		
9		
10		

领域七：物质享受篇

序号	目标	达成日期
1		
2		
3		
4		
5		
6		
7		
8		
9		
10		

领域八：人脉篇

序号	目标	达成日期
1		
2		
3		
4		
5		
6		
7		
8		
9		
10		

领域九：领导力篇

序号	目　标	达成日期
1		
2		
3		
4		
5		
6		
7		
8		
9		
10		

领域十：贡献篇

序号	目　标	达成日期
1		
2		
3		
4		
5		
6		
7		
8		
9		
10		

内容简介

本书通过讲述销售人的基本准则、可视化电销（销售首战技能）、微信营销（销售必备工具）、场景化营销（销售高阶演讲成交技能）以及销售人员必备的成交利器（中财捷营销成功秘籍），帮助销售人员夯实基本销售技巧和能力，掌握最能够精准获取用户和裂变用户的工具，并为销售团队的发展提供数据化、标准化和细致化的培养体系，帮助企业实现业绩增长和流量裂变。

图书在版编目（CIP）数据

营销操盘手 / 范伟型著. — 哈尔滨：哈尔滨工业大学出版社，2021.4
ISBN 978-7-5603-9385-8

Ⅰ.①营… Ⅱ.①范… Ⅲ.①企业管理-营销管理 Ⅳ.①F274

中国版本图书馆CIP数据核字(2021)第066049号

YINGXIAO CAOPANSHOU

图书策划	沃米重构研习社
策划编辑	李艳文　范业婷
责任编辑	付中英　王晓丹
出版发行	哈尔滨工业大学出版社
社　　址	哈尔滨市南岗区复华四道街10号　邮编 150006
传　　真	0451-86414749
网　　址	http://hitpress.hit.edu.cn
印　　刷	天津市光明印务有限公司
开　　本	710mm×1000mm　1/16　印张 13.5　字数 150千字
版　　次	2021年4月第1版　2021年4月第1次印刷
书　　号	ISBN 978-7-5603-9385-8
定　　价	99.00元

（如因印装质量问题影响阅读，我社负责调换）